KB210718

교리적 상상력

기독교 신앙의 역동성을 말하다

제임스 라이머 지음
김복기 옮김

교리적 상상력
-기독교 신앙의 역동성을 말하다

지은이	제임스 라이머
옮긴이	김복기
초판발행	2015년 12월 3일

펴낸이	배용하
편집	배용하
교열	김 준
본문디자인	윤순하
등록	제364~2008~000013호
펴낸곳	도서출판 대장간
	www.daejanggan.org
등록한곳	대전광역시 동구 우암로 75~21
편집부	전화 (042) 673~7424
영업부	전화 (042) 673~7424전송 (042) 623~1424
분류	기독교 교리	아나뱁티스트

ISBN	978-89-7071-364-9 03230

이 책의 저작권은 Herald Press와 독점 계약한 대장간에 있습니다.
기록된 형태의 허락 없이는 무단 전재와 복제를 금합니다.

값 8,000원

차례

» 역자 서문 / 5

» 서 문 / 8

» 서 론 / 14

» 감사의 말 / 18

01 | **믿음:** 조각 퍼즐인가 아니면 스크래블 게임인가? / 19

02 | **성경:** 사실인가 아니면 허구인가? / 24

03 | **경험:** 다른 기초는 없다? / 29

04 | **성령:** 과학기술 시대에 하나님께로 가는 길 / 33

05 | **하나님 아버지:** 남성인가 여성인가? / 38

06 | **예수-그리스도:** 밑그림 그리기 / 43

07 | **창조:** 미래로 돌아가기 / 48

08 | **타락:** 선악을 안다는 것 / 52

09 | **보존:** 하나님은 세상을 가지고 주사위 놀이를 하시는가? / 57

10 | **구원 1:** 야쉬 시멘스냐 조지 브렁크냐? / 61

11 | **구원 2:** 예수는 나의 죄를 위해서 죽었는가? / 65

12 | 성화: 사람들이 나이를 먹으면 더 나아지는가? / 70

13 | 교회(1): 흠도 점도 없는 교회 / 74

14 | 교회(2): 메노나이트와 다른 정통들 / 78

15 | 성례전: 하나님께서는 물질세계를 통해 우리에게 오시는가? / 82

16 | 세례: 잊혀져가는 아주 오래된 입회식? / 86

17 | 기도: 우리를 통해 말씀하시는 하나님 / 90

18 | 사랑: 누가 원수인가? / 95

19 | 성: 관능성과 신성 / 100

20 | 심판: 왜 지옥을 믿는가? / 104

21 | 영원한 삶: 하늘을 바라보며 / 109

22 | 신실한 교회: 관용, 거절, 또는 인내? / 114

23 | 협력하는 교회: 어리석은 자들의 배 / 124

24 | 전투병이냐 순교자냐? 다른 사람을 위해 목숨을 내어 놓음 / 133

» 저자에 대하여 / 143

역자 서문

많은 이들은 신학을 신학생, 목회자, 신학자의 전유물로 생각한다. 그래서 조금 어려운 단어를 사용하면 신학을 공부했냐는 말을 서슴없이 꺼낸다. 아니 일부러 신학적인 용어라고 하면서 어려운 말을 사용하는 이들도 있다. 이러한 태도는 사람들에게 신학은 좀 어려운 학문이며, 혹은 뭔가 신비한 게 있는 것처럼 생각하도록 만들었다. 그래서인지 많은 이들은 신학을 한다하면 뭔가 대단한 공부를 한 것인 양, 꼭 신학교에 등록해서 신학생이 되어야만 할 수 있는 공부인 양, 혹은 일부 특정한 사람의 전유물인 양 여긴다.

제임스 라이머는 이 작은 책에서 이러한 생각을 바꾸어 놓는다. 아나뱁티스트-메노나이트 전통에서 자라온 그는 진정한 신학이야말로 매일의 삶 속에서 모든 사람들이 사용하는 일상의 언어를 통해 이루어지며, 그래야만 한다고 말한다. 말에는 힘이 있는데, 그 말의 온전한 의미를 찾아가는 것, 일상생활 속에서 말씀이신 예수 그리스도, 성령, 하나님 아버지를 만나는 것이 곧 신학이라고 말한다. 이러한 신학을 하는 방법은 복잡하고 어려운 1,000개짜리 혹은 3,000개짜리 퍼즐을 맞추듯 미리 만들어진 모양을 찾아서 맞추어 나가는 것이라기보다는 자유롭게 자신이 갖고 있는 지식, 경험을 통해 변화하는 환경과 함께 하는 다른 사람들과 충분히 즐기도록 고안된 스크래블이라는 게임과 같다고 말한다.

이미 설계되고 짜놓은 틀에 맞는 정답을 찾는 것이 아니라, 상상력을 이용하여 하나님을 이해하고, 세상을 이해하고, 이웃을 이해하고, 나를 이해하는 것이 곧 신학이라고 말한다.

그동안 한국 교회는 교리를 틀 속에 가두어 놓았다. 그래서 교리공부하면 고개를 흔들거나 박물관에 전시되어 있는 고대 유물처럼 대하는 풍조를 따르게 되었다. 그래서 교리를 공부시키지 않고 좀 어려운 문제를 다루는 성경은 공부시키지 않는다. 다루기 껄끄러운 주제들은 아예 준비하는 사람에 의해 재단되고, 청중의 입맛에만 맞는 주제들이나, 시대가 요청하는 것만 가르치기도 한다. 인생을 자기 입맛에 골라 살 수 없듯이, 신앙이란 곧 인생이므로 자기 입맛에 맞는 것만 골라서 할 수는 없다. 교회의 생명력이 몸의 건강에서 발현되듯이 강인한 생명력은 어려운 문제를 놓고 제대로 씨름하면서 자라도록 되어있다. 이러한 길을 피해갈 수는 있으나, 그럴 때 건강은 담보되지 않는다. 나약한 신앙은 보장할 수 있으나, 튼튼하고 건강한 신앙은 보장할 수 없다.

지금 우리 시대는 신앙의 뼈대를 제대로 세우지 않아 여기저기 부유물처럼 떠다니는 방랑객을 많이 양산하게 되었다. 마치 정보는 인터넷에 널려있으나 자기 것으로 제대로 습득하여 삶의 지혜로 누릴 수 있는 사람이 많지 않듯, 교회도 많고 소위 말하는 자칭 그리스도인은 많으나 예수 그리스도와 같은 그리스도인이 많지 않은 현실이다. 누구든 자신의 생각을 이야기하지만, 그 기준도 모호하다. 이 책 서문에서 레이린이 이야기한 것처럼 많은 사람이 교회출석을 포기한지 오래고 더 나아가 성경과 하나님까지 포기해야 하는 고민까지 이르도록 만들었다.

지식과 정보를 습득하는 방법은 다양하다. 하나님을 아는 지식과 정보에 있어서 추천하고 싶은 방법은 다른 사람의 이야기를 듣는 것도 소중하지만, 야곱이 밤새 씨름하여 하나님을 만났듯이 상상력과 씨름하고, 내용이 풍부한 책을 진지하게 일독하는 것도 소중하리라.

『교리적 상상력』은 신앙과 삶에 대해, 그리고 인생에 대해 진지하게 고민하고 씨름하는 성도라면 꼭 읽어야 할 책이다. 특히 예수천당 불신지옥이라는 유명한 공식은 만들어 냈으나, 상상력의 부재로 가나안 성도를 양산해내는 한국 교회에 감히 필독서로 추천하고 싶다. 어떤 이에게 이 책이 어렵게 다가올지 모른다. 그러나 한 번 읽고 깊이 묵상하고 또 읽노라면 저자의 깊은 뜻을 넘어 하나님의 깊은 뜻까지 헤아릴 수 있으리라 생각한다. 성령에 의지하여 쓴 책은 성령에 의지하여 읽을 수 있기에, 지혜의 성령을 의지하며 읽노라면 깨달음의 은혜가 주어지리라 생각한다.

예전에는 백문이불여일견이라 했다. 백문이불여일역을 체험한 역자로서 나는 백문이불여일독이라는 말로 독자들에게 이 책을 추천한다. 그대의 풍부한 상상력뿐만 아니라, 상상력은 물론 풍부한 생명력을 미리 선물하며….

내가 온 것은 양으로 생명을 얻게 할 뿐만 아니라, 더 풍성하게 하기 위해서다. 요한복음 10:10

김복기

서 문

그 다음 영화의 명대사가 뭐였지? "'안녕'이라는 너의 그 한 마디에 매료되었어!"였나?

"믿음은 마치 스크래블 게임*과 같다"는 제임스 라이머의 첫 번째 글은 영화 속의 명대사처럼 단번에 나를 사로잡았다. 그는 열여섯 살짜리 청소년에게나 흥미로울 큰 주제인 하나님, 창조, 죄, 타락, 천국, 지옥 등, 약 200개 항목의 메노나이트 신앙과 관련된 교리문답집으로 나를 완전히 사로잡았다.

라이머는 요즘 젊은이들이 이러한 주제에 별로 관심을 보이지 않는다는 우리의 생각이 잘못되었음을 보여주었다. 성경에 용서받지 못할 죄가 언급되어 있지만, 내게는 교리문답이 가하는 고문이야말로 정말 "용서 할 수 없는 죄"였다. 사실 나는 교리문답을 충실히 공부하였지만 실제로 지옥이 존재하는지, 나의 최종 목적지는 어디인지 알 수 없었다. 그렇게 완전히 낙심한 채 목사님을 만나러가기까지 너무 괴롭고 힘든 시간을 보냈었다. 목사님과의 만남은 유년 시절에 내가 경험했던 가장 놀라운 신앙체험이었고, 그 후 몇 년 동안 이러한 나의 경험을 여러 차례 시로 표현하기도 하였다.

---

* 스크래블 게임은 정사각형의 판에 단어를 만들어가는 영어 낱말 맞추기 게임이다. 엄지손톱만 한 정사각형 나무 조각에 알파벳이 적혀있는 작은 글자 일곱 개를 갖고 단어를 만들어가는 게임이 시작되는데, 각 글자에는 특별한 점수가 적혀 있다. 많이 사용되는 글자에는 1점이 좀 더 희귀한 글자에는 등급에 따라 좀 더 높은 점수가 적혀 있다. 게임을 하는 사람의 단어 지식, 판에 적혀있는 점수, 글자의 점수에 따라 매번 경기가 달라지며, 그 누구도 예측할 수 없는 수준 높은 게임이다. ―역자 주―

특별히 "만약 자매가 용서 받지 못할 죄, 즉 하나님의 부르심에 대하여 마음을 굳게 닫는 죄를 범했다면, 자매는 지금 이 자리까지 올 수 없었을 겁니다. 그 사실이 이해가 안돼요?"라며 나의 모순을 지적한 목사님을 따른다는 것은 어린 나이였음에도 일종의 신앙적 모험으로 다가왔다. 믿음에 대한 놀라운 가르침은 젊은이들의 상상력, 열정뿐만 아니라, 무언가를 알고 싶어 하는 예리한 지적 욕구를 자극함으로써 생겨나며 이러한 것은 인간 본질에 대한 굵직굵직한 질문들과 연관되어 있다.

이 책의 각 장에 실려 있는 라이머의 글들은 캐서린 노리스Kathleen Norris의 문학적인 형태를 띠고 있으며, 그들은 믿음에 상상력이 꼭 필요하다고 믿고 있다. 정작 믿음과 관련된 주제들을 깊고 재밌게 다루지 못하는 이유는 사람들이 갖고 있는 상상력을 자극하지 못하기 때문이다. 실제로 인간의 언어는 상상력의 산물이기 때문에, 믿음에 제대로 접근하지 못하는 우리들의 실패는 바로 이 상상력과 언어의 실패에서 오는 것이라 할 수 있다. 라이머가 제안하고 있듯이 믿음은 조각을 끼워 맞추는 퍼즐이 아니라, 스크래블 게임이다. 스크래블 게임에는 일정한 규칙들이 있다. 거기에는 다음 순서에서 뽑을 글자에 대한 행운과 함께 최종적으로 게임을 하는 사람의 어휘력과 기술이 필요하다. 물론 지성과 이성도 필요하다. 이 외에도 게임에 속박되지 않는 자유로운 마음과 이런저런 매개 변수들도 필요하다. 즉 내가 갖고 있는 글자들을 확인하며 다른 사람들이 어떤 글자를 내어 놓는지 신경을 써가며 게임을 할 수 있어야 한다. 이것이 스크래블 게임이다.

라이머는 우리가 믿음이라는 게임을 대하게 될 때, 그 게임이 정말 재밌을 거라는 사실을 보여주었으며, 예술적인 필체로 멋진 상상력의 기회들을 통해 우리가 한껏 흥분하게 될 수도 있다는 사실을 보여주었다. 그는 개인적인 경험, 성령, 남성과 여성, 예수, 창조, 타락, 구원, 교회, 세례, 성, 거룩한 교회 등 아주 놀라운 핵심 교리들을 주제별로 잘 다루었다.

그렇다면 믿음과 관련된 우리의 개인 경험은 어떤지 살펴보자. 자기도 취해 빠져있는 믿음에 대해 라이머가 제공하는 유익한 훈계와 대책은 다음과 같다. "모든 것에 처음과 끝이 있다는 생각을 하지 않고, 개인의 경험을 아주 진지하게 다루어야 하는 과제가 우리에게 주어져 있다.… 따라서 우리가 진짜로 던져야 할 질문은 우리의 개인적 경험 외에 세상에서는 어떤 일이 일어나고 있는가? 영원한 진리나 도덕적 의무는 존재하는가? 하는 것이다."

"믿음은 스크래블 게임이다"라는 말로 처음 나의 관심을 사로잡은 후, 그는 "성령: 과학기술 시대에 하나님께로 가는 길"로 그 관심을 지속시켰다. 신앙여정에 있어 다른 이들의 마음을 열고, 해방시키고, 받아들이고, 경직되지 않게 하는 성령이 없었다면, 페미니스트인 나는 교회는 확실히 포기했을 것이고, 아마도 성경까지 포기했을지 모른다. 특별히 하나님과 그의 아들에 대한 가부장적 언어로 기록된 몇몇 구절은 차마 입에 담을 수 없다고 하는 여성들에게도 성령은 계신다. 사실 성령에 대한 라이머의 글은 별로 새로울 것이 없다. 성령에 대한 그의 글은 내용이 새롭다기보다는 오히려 "성경의 놀라운 기록"을 다시 살펴본 것이라고 할 수 있다. 그러나 그의 분명하지만 부드러우면서도 순수한 서정적인 견해는 독자의 영혼을 새롭게 소생시킨다. 그는 영을 단순히 에너지와 힘으로 보지 않고, 성령, 진리의 탐구자, 진리를 가져오시는 분, 해방시키는 분으로 보고 있다.

이 책의 글에서 라이머가 사용한 글쓰기 방식, 폭 넓은 참고문헌, 유추, 문학적 선택은 인간의 영혼을 끌어안는 독특한 서술방법이다. 엘리 위젤Elie Wiesel, 독일 낭만의 길Romantische Strasse, 교회 건축, 프레너리 오 코너 Flannery O'Connor, 쉰들러 리스트, 야쉬 시멘스Yasch Siemens, 조지 브렁크George Brunk, 캐나다 유태인 지도자 레오나르드 코헨Leonard Cohen, 패트릭 프리슨의 셔닝Shunning, 사도신경, 그리고 수많은 신학자들, 본훼퍼Bonhoeffer와 히틀러부터 네스터 마흐노Nestor Machno에 대한 언급을 그 예로 들 수 있다. 그의 포괄적 언어는 근시적인 태도나 지적 능력이 부족한 글들을 신랄하게 비평하고 있다.

이 책에 나오는 글들은 지적이며 문학적 도전을 주기에 충분하며, 특히 믿음에 관련된 주제들에 대하여 직접적인 도전을 주고 있다. 이러한 도전은 모두 상상력에 근거하고 있다. 예를 들어, 메노나이트 및 전통적인 그리스도인에게 아주 부담되는 주제인 "구원"에 대해 라이머는 이를 어물쩍 회피하거나 말할 수 없는 내용으로 보지 않는다. 오히려 그는 강력하지만 흥미롭게 구원을 소개하는 사람에게 경의를 표한다. 그 예로 조지 브렁크 II 세George Brunk II를 들 수 있는데, 그는 캬라반 트럭과 아주 어마어마한 텐트,

그리고 강력한 수사학으로 전통적인 메노나이트의 공동체에 문화의 바람을 몰고 온 사람으로 유명하다. 그것은 마치 마을에 써커스단이 찾아온 것처럼 흥분된 모습이었다. 미국의 시민전쟁을 치르고 난 군인들이 살아있다는 감정을 처음 느꼈던 것처럼, 사람들은 평화주의자들의 공동체가 생명력 있는 모습으로 자라나게 되었다고 생각하였다.

이 책에 실려 있는 라이머의 단편들은 우리가 신앙생활이 가져다주는 전율을 잃어가고 있으며, 신앙이라는 세계에 흥미로움과 감정의 희열을 잃어 가고 있음을 안타까워 하고 있다. 믿음과 관련된 아주 중요한 주제들을 다루는 라이머의 이러한 방법에 대해 끊임없는 반대자, 희생자, 혹은 범인이 있다면, 그것은 믿음 길들이기다. 라이머가 반복하여 말하고자 하는 것은, 믿음에 대한 주제를 이야기할 때 사람들이 신비감을 느끼지 못하고 있고, 능력의 하나님을 마주하는데 있어서조차 경외감을 상실하였다는 점이다. 그러면서 그는 우리가 추구해야 할 일들은 일반적이고, 일상적이며, 현세적이어야지, 특별한 관심을 끄는 종교적 행사나, 믿음을 특별하게 심어주기 위한 흥미위주여서는 안 된다고 제안한다. 루터가 말했듯이 그는 최소한 "은혜로 담대하게 살아가도록" 서로 용서하고, 서로 은혜를 베풀도록 안내한다. 그렇게 함으로 우리가 믿음의 개념을 포괄적이면서 올바로 파악하도록 돕고 있다.

내가 아주 좋아하는 나탈리 골드버그Natalie Goldberg는 독창적인 저술가로서 기록된 말씀 안에서 창조를 촉구하는 정신적 야성에 대하여 언급하였다. 나에게 있어서 『교리적 상상력』은 믿음과 관련된 주제들을 놓고 일상의 고역과 무거운 사슬을 던져버리기 위해 천사들과 씨름하는 모습으로 보여 진다. 라이머는 브렁크의 경험에 근거하여, 우리 세대는 "우리 자녀들을 지옥 불에 떨어지지 않게 하기 위해 결사적으로 노력을 하느라, 너무 지나치게 기독교를 우리가 원하는 방식으로 길들이고 교화시켜 버렸다"며 슬퍼하고 있다. 그의 말이 맞다. 실제로 이 시대의 믿음은 너무나 물러져 버렸거나 너무 쉬워서 아무런 맛도 없는 물컹물컹한 음식처럼 되어버렸다. 따라서 사람들이 도전하게 될 이러한 믿음의 내용물들을 아주 맛있게 만들기 위해서는, 그동안의 배워온 교리를 폐지해야 할 것이 아니라 오히려 교리들과 관련된 상상력을 활성화시켜야 할 것이다. 다시 말해 우리의 언어를 더욱 풍부하게 하여 더 깊은 곳으로 나가야 할 것이다.

레일린 힌츠-페너

시인, 교육가

서 론

　신학이란 하나님이나 하나님과 관련된 모든 것에 대해 깊이 생각하는 행위다. 신학은 이 분야에서 일하는 전문가들만을 위한 것이 아니라 모든 그리스도인을 위한 것이다. 어린 아이들이 "엄마 나는 어디에서 왔지?", "우리가 죽으면 어디로 가지?"하고 질문하는데, 실제로 이러한 질문은 신학의 중심을 이루는 질문들이다. "나는 누구인가?"하는 정체성, "자유란 무엇인가?" 혹은 "인생이란 무엇인가?"하는 문제와 씨름하는 젊은이들은 사실상 신학의 가장 중심에 놓여있는 주제들을 놓고 씨름을 하는 것이다. 별로 중요하지 않게 보이는 것부터 아주 중요하다고 여겨지는 모든 것, 그리고 보이는 것에서부터 보이지 않는 모든 것들이 신학적 관심에 연결되어 있기 때문이다.

　어떤 것을 '신학적'이게 하는 것은 하나님에 대한 연관성에 달려있다. 물론 이러한 것은 "신이란 무엇인가?" 혹은 "하나님은 누구인가?"와 같은 궁극적인 질문들을 요한다. 따라서 이러한 질문은 모든 것에 우선하는 신학적인 질문이다. 이러한 신학적 질문은 많은 사람이 도대체 그러한 하나님이 있기나 한 건지 끊임없이 의심을 해왔던 18세기부터 20세기에 이르는 기간 동안에 특별히 중요한 질문이 되었다. 내가 가르치는 학생들은 종종 하나님이 실제로 존재합니까?라고 질문한다. "신은 있다"라고 말할 때, 그리스도인들은 별난 방법을 동원하여 표현한다. 보통 우리가 존재하는 어떤 것에 대해 말할 때, 대부분은 시간과 공간 안에 있는 어떤 물체를 지칭할 경우가 많다. 그러나 하나님에 대한 정의는 시간과 공간 안에 있지 않다. 하나님이 존재한다고 말할 때, 시간과 공간 안에 존재하는 어떤 물체들 옆에 있는 또 다른 어떤 존재로서 하나님을 제안하거나 설명하는 경향이 있는데, 이것은 하나님의 존재에 대한 정확한 설명이 될 수 없다. 하나님은 어떤 물체가 아니라 모든 시간과 공간을 넘어선 실재이며 모든 물질의 근원이나 본질이 되는 분명한 실존이기 때문이다.

인간의 경험에 있어서 '빛', '에너지' 혹은 '사랑'은 물체도 아니고 공간적 제약을 받지 않는다. 이들은 보이지는 않지만 우리가 존재한다고 믿는 실체들을 설명하기 위한 가장 좋은 예들이다. 신비한 하나님에 대한 성경의 설명들 중 가장 일관된 표현은 "하나님은 영이시다"라는 것과 "하나님은 사랑이시다"이다. 우리는 이러한 용어들을 통해 어떻게 성경이 하나님의 본질^영을 관계 및 윤리^{사랑}와 연결시키는지 알 수 있다. "하나님은 누구인가?"라는 문제와 "우리가 어떻게 다른 사람 및 물질과 관계를 맺어야 하는가?" 하는 질문은 메노나이트들에게 아주 중요하다.

따라서 이 책에서 다루고 있는 신학적 고찰은 기독교 신앙의 본질을 가능한 한 쉽게 접근하도록 제안한 방법들이다. 이러한 방법을 우리는 종종 '교리'혹은 가르침라고 부른다. 주로 교리는 성경, 하나님, 그리스도, 성령, 창조, 구원, 교회, 사랑, 지옥, 하나님 나라, 종말 그리고 역사와 같은 주제들을 다룬다. 이 책의 제목 '교리적 상상력'은 이미 존재하고 있는 잘못된 견해들을 불식시키고자 붙인 것이다. 즉 필요한 신앙고백, 교리, 교의 그리고 신조들"올바른 생각"으로 신앙을 다루는 모든 단어군이 '교조적인' 혹은 '독단적' 이라는 말로 흔히 표현되어 경직성, 불변성, 편협성을 의미하게 된 것에 맞서기 위해 붙인 것이다. 기독교 초기에 교리, 신조, 교의는 믿음을 지속적으로 성장시키기 위한 일종의 상징이었다. 사실 이 책에 '기독교 신앙의 역동성'이라고 부제목을 붙여 놓은 것처럼 이러한 교리, 신조, 교의는 상당히 역동적이었다.

나는 이러한 역동성을 그대로 전달하기 위해 스크래블 게임에 신앙을 비유하고자 했다. 소설이나 시 같은 문학, 회화, 음악, 건축 그리고 다른 형태의 예술 분야에 종종 나타나는 암시들은 우리가 신학 용어를 사용함으로써 상상력의 세계에 들어갈 수 있음을 알려준다. 영적인, 비경험적인 실존의 차원으로 들어가기 위해 신학적 언어는 유추, 은유, 비유, 우화, 신호, 경구, 표적, 상징, 역설 그리고 변증과 같은 다양한 언어 및 의사소통 방법에 의존한다. 현대 언어학 이론은 "발화행위"를 말하는데 이는 어떤 행위가 일어나도록 언어에 힘이 있음을 강조한다. 예를 들어, 저주와 축복이 단순히 어떤 행위를 서술하는 것이 아니라, 축복이나 저주라는 실재를 창조하는 하나의 행위가 된다는 것이다. 발화행위에 있어서 이러한 서로 다른 축복과 저주라는 방법들은 성경에서 쉽게 발견된다.

고대 사람들고대와 중세 신학자들을 포함해서은 성경의 본문을 네 가지 방식으로 해석을 하였다. 문자적 해석,직해와 혼동을 막기 위해 정직한 읽기라고 의미를 밝힘 알레고리적 해석,영적 혹은 신비적인 읽기, 소위 영해라고 함 비유적 해석도덕이나 윤리적 읽기 그리고 신비적 해석미래주의적 읽기이 그 방식들이다. 따라서 성경을 읽거나 신학적으로 생각할 때, 신학이 생물학이나 어떤 사물을 다루는 방식과는 아주 다른 언어를 사용하고 있다는 사실을 기억하는 것이 매우 중요하다.

이 책에 실린 글들은 일상생활에서 뿐만 아니라, 경이롭고 특별한 차원에 대한 신학적 사고에 흥미를 느끼도록 독자들을 격려할 것이다. 무엇보다 나는 신학적 고찰이 폐쇄적이거나 결코 끝나서는 안 될 세상을 바라보는 역동적이며 창의적인 방법임을 전달하고 싶다.

캐나다 온타리오에서
제임스 라이머

감사의 말

이 책에 실린 대부분의 글들은 현재 캐네디언 메노나이트Canadian Men-
nonite라고 이름이 바뀐 메노나이트 리포터Mennonite Reporter에 '신앙의 역동성'
이라는 주제로 약 2년 동안1993~95 연재했던 것이다. 그들 중 몇 편은 약간
의 수정을 가하였고, 책 끝 부분에 세 가지 명상이란 글을 실어 놓았다. 이
들 중 두 편은 이전에 전혀 출판된 적이 없는 글이다.

이러한 글을 다시 출판하도록 허락해준 메노나이트 출판부Mennonite Pub-
lishing Service와 이 글들이 모양새를 갖추어 책으로 출판되도록 편집을 맡아
준 마가렛 로우웬 라이머Margaret Loewen Reimer에게 감사를 표한다. 이 책이
출판되기까지 여러 참고논문들을 제출하도록 격려해 준 헤럴드 출판사의
레비 밀러Levi Miller에게도 많은 빚을 졌다. 아울러 여러 해 동안 수업을 통
해 나에게 영감을 준 학생들에게도 감사의 마음을 전한다.

1. 믿음: 조각 퍼즐인가 아니면 스크래블 게임인가?

1958년 16세가 되었을 때, 나는 마니토바의 버그탈러 메노나이트Bergth-aler Mennonite 교회에서 세례를 받았다. 세례를 준비하기 위해 우리 후보자들은 파란색의 교리문답집이라는 작은 책을 읽고 공부해야 했다. 이 책은 약 200개의 문답으로 이루어져 있었는데 한편은 독일어로 또 다른 한편은 영어로 되어 있었다. 이 책은 메노나이트 그리스도인으로서 우리가 믿는바 하나님, 인간의 본성, 죄와 타락, 구원, 그리스도인의 삶 그리고 인류의 역사와 종말에 대한 내용을 담고 있었다.

매년 새해 첫날부터 오순절까지 세례를 받기 원하는 젊은이들은 이러한 신조들을 공부해야 했다. 매년, 전체 교인들은 교회 맨 앞줄에 앉아서 목회자가 던지는 질문에 대답하는 후보자들의 답변을 함께 들어야 했다. 결국 모든 교인들은 1년마다 전체 기독교에 대한 이야기를 반복하여 들어야 했고, 설교자들 역시 주어진 주제들에 대하여 설교하도록 자신들을 훈련해야 했다. 이러한 것은 렉셔너리lectionary, 교회 성구집와 조직신학적 사고방식에 메노나이트가 가장 가까이 접근한 방식이었다.

물론, 이러한 관습을 전혀 따르지 않는 메노나이트 그룹들도 있었다. 이러한 관습은 1960년대 목회자와 교인들이 함께 하는 작고 친밀한 모임들을 선호하면서 사라지게 되었다. 이전의 방식은 너무나 재미없고, 비인격적인 것으로 인식이 되었다. 그러나 이러한 급격한 스타일의 변화는 메노나이트 신앙에 대하여 이야기하는 방식에 근본적인 변화를 가져왔다. 초기에는 객관적인 교리와 신조들이 강조되었다. 그러나 교리와 신조는 개인관계, 감정 그리고 사회활동을 점차 강조하면서 모임들에 그 자리를 내주었다. 교리 대신 들어선 새로운 접근 방식은 믿음을 우리의 경험이나 실제 삶과 직접 연결시켜주는 것으로써 아주 긍정적인 평가를 얻게 되었다.

그러나 불행히도 사람들은 믿음에 대한 기본적인 기준을 잊어버리는 경향을 보였고, 어린이들은 믿음의 기본에 대해 제대로 배우지 못했다. 내 경험에 비추어 볼 때, 나이가 많은 세대일수록 교리에 대한 언어를 더 많이 알고 좋아하는 반면, 내 나이에 있는 중간 세대들은 교리문답에 대해 기억은 하고 있지만 그리 좋아하지 않고, 우리 자녀 세대들은 그것이 무엇인지조차 알지 못하는 모습으로 변해갔다.

그러나 이러한 경험은 사람들이 기독교의 기본 신조들이 무엇인지 알기 원한다는 사실을 다시금 확인시켜 주었다. 신학대학교 1학년생들을 가르치고, 교회에서 세례를 받기 원하는 사람들을 가르치고, 자녀들과 대화를 나누면서, 많은 젊은이들이 믿음의 언어에 의해 격려 받기를 갈망하고 있다는 사실을 알게 되었다. 어린이, 청소년들, 더 나아가 청년들이 믿음에 대해 앞뒤가 맞지 않는 부분적인 설명보다 이러한 포괄적인 질문들즉 어떻게 이러한 믿음의 각 부분들이 전체에 부합되는지에 대한 질문들에 대한 관심이 많다는 사실을 발견하게 되었다.

우리는 과거로 돌아갈 수 없다. 따라서 우리에게 주어진 도전은 어떻게 사라져가는 전통과 지혜의 눈을 통해 우리가 사는 세상을 껴안을 수 있는 가 하는 것이다. 즉 초자연적, 마술적, 환상적이며 동시에 혁신적인 것을 좋아하는 우리 젊은이들이 그들의 독특한 성향으로 믿음에 대한 상상력을 갖게 할 수 있는가에 대한 것이다.

내 아들이 열세 살일 때, 나에게 이런 말을 한 적이 있다. "만약 한 번만 이라도 유령을 볼 수 있다면 좋겠어요. 비록 그 유령이 나를 죽일지라도 말 이에요. 그렇다면, 최소한 그런 게 존재한다는 것을 분명히 알 수 있을 텐 데요." 아들의 이 말은 우리 자녀 세대의 성향이 어떠한지를 잘 반영해 주 고 있다. 그러나 그 말에는 일종의 어두움 속에서 방황하고 있는 젊은이들 이 이 지구라는 혹성의 미래에 별다른 희망을 갖고 있지 못함을 드러내고 있다. 젊은 세대들은 일종의 막연하고도 불길한 예감을 갖고 사는데, 이는 이들의 눈에 우리 세대가 서로에게 행하는 모습이라든가 환경을 대하는 모 습이 마치 모든 것을 끝장내기 위해 안간힘을 쓰는 것처럼 보이기 때문이 다. 만약에 물리적인 세상이나 물질계를 넘어선 유령 혹은 초자연적인 실 재가 있다면, 거기에 어떤 희망이 존재할 것이다. 이러한 곳이 기독교 신앙 의 영원한 진리가 드러나게 되는 곳이다.

우리에게 주어진 도전이란 이러한 역사적 기독교의 신앙에 대한 기본적 인 신조교리를 알아가는 것이요, 우리의 청소년들과 함께 그 의미가 무엇인지 다시금 상상할 수 있어야 한다는 점이다. 이러한 위기와 변화의 시대에서 신조들을 살펴보는 것은 조각 퍼즐을 끼워 맞추는 것이라기보다는 스크래블 게임을 하는 것에 더 가까운 일로서 그 자체로 구조적 역동성을 부여한다.

우리가 잘 하는 조각 퍼즐을 생각해 보자. 전체 퍼즐 조각은 이미 결정되어 있다. 그래서 아무리 조각이 많다고 해도 사실상 퍼즐게임에는 자유가 없다. 그림이 이미 고정되어 있기 때문이다. 특정한 개수의 조각이 있고, 각각의 조각들은 단지 한 곳에만 들어맞도록 되어있다. 퍼즐의 목적핵심은 어떤 특정한 조각을 전체 그림 중 제자리를 찾아 맞추어 그림을 완성하는 것이다. 어쩌면 여러분은 자신에게 주어진 위치에서 자기만의 조각퍼즐을 맞추어 나갈 수 있을 것이다. 그러나 그 끝은 결코 다르지 않으며, 결과는 정해져 있다.

그러나 퍼즐게임과는 달리 스크래블 게임의 결과에는 아주 다양한 요소들이 작용한다. 물론 스크래블 게임에도 몇 가지 고정된 구성요소들이 존재한다. 우선 게임 판에는 제한된 수의 사각형들이 그려져 있고, 이미 결정된 숫자와 알파벳이 적혀 있는 글자조각들이 있다. 둘째, 사람들이 그 게임의 법칙을 따라야 한다. 각 사람은 일정수의 글자들을 갖고, 순서를 따라 게임 판에 특정한 방법으로 단어를 만들어가야 한다. 셋째, 단어를 만들기 위해 뽑는 글자에 운이 따라야 하며 또한 판의 변화에 따라 글자를 만들기 위한 좋은 기회가 주어져야 한다. 넷째, 경기를 하는 사람의 어휘력과 기술이 있어야 한다. 또한 스크래블 게임에는 이성과 지력을 사용하여야 한다.

그러나 게임을 제한하는 규칙에는 무제한의 자유가 존재한다. 어떠한 게임이든지 같은 것이 반복되는 법은 결코 없다. 게임의 최종적인 모습도 단지 끝이 나봐야 분명해진다. 가장 중요한 점은 경기자가 게임을 하고 그 경기가 끝날 때까지 거기에 있어야 한다는 것이다. 그 게임의 의미와 원래 의도는 매 게임을 하면서 다양하게 나타날 것이다. 또한 각 사람이 게임에서 이기는 것은 다른 사람들이 어떻게 게임을 하는가에 따라 다르게 나타날 것이다. 게임 참여자들이 서로의 자유와 독립성을 존중해가면서 상호의존해야 한다는 것이 이 게임의 특징이다.

그래서 내가 제안하는 신앙과 믿음은 조각퍼즐의 정해진 규칙보다는 스크래블 게임의 역동성과 더 비슷하다. 이 책에서 나는 기독교 신앙의 중심이 되는 신조들을 스크래블 게임의 은유를 통해 살펴보고자 한다. 그러나 나는 또 다른 은유로 사용될 수 있는 조각퍼즐의 진리도 무시하지는 않을 것이다. 조각퍼즐에는 이미 결정된 구조이자, 우리가 무시해서 위험에 처하게 된 "자연의 법칙"이 있기 때문이며, 이 우주가 아직 완전히 공개되지 않았기 때문이다.

2. 성경: 사실인가 아니면 허구인가?

몇 해 전에, 나는 수업을 듣는 학생들에게 나찌 치하 죽음의 수용소인 아우스비츠에서 십대에 아주 끔찍한 경험을 한 유태인 소설가 엘리 위젤 Elie Wiesel의 『밤』Night이라는 책을 읽으라는 과제를 낸 적이 있다. 마침 이웃의 대학에서 위젤의 강연이 열렸고, 나는 학생들을 데리고 그의 강연을 들으러 갔었다.

그것은 정말로 놀라운 경험이었다! 이 일이 있은 지 1년 후, 엘리 위젤은 노벨 문학상을 받았으며, 노아와 대홍수 그리고 무지개가 나오는 창세기의 이야기에 대한 상상력을 자극하는 책 읽기로 수많은 대학생들과 교수들을 매혹시켰었다.

위젤은 성경의 본문과 씨름을 하였으며, 특히 다시는 세상을 멸망하지 않을 것이라는 하나님의 약속과 씨름하고 있었다. 그 당시는 냉전이 한창 진행 중일 때였으며 그의 강의는 임박한 핵전쟁의 공포에 대해 근거 없는 생각이라며 사람들에게 위안을 주었다. 그러나 그런 위젤의 안전에 대한 위안은 다시금 검토되고 있다. 하나님께서 홍수에 의해 세상을 결코 멸망시키지 않을 것이라고 분명히 약속하셨지만, 핵전쟁에 대해서는 아무런 보증도 하지 않으셨기 때문이다. 그의 책 중, 삼분의 일은 상황을 더욱 악화시켰다. 그것은 "만약 하나님이 아닌 우리 자신이 세상을 멸망시키게 된다면?"하는 내용이었다.

이러한 것이 바로 성경이 싸우고 있는 것들이다. 신적 진리의 전달 수단으로 우리는 성경 본문을 참고해야 한다. 우리 자신의 현주소를 발견하게 하는 이러한 특별한 상황은 우리를 하나님과 성경의 본문으로 돌아가도록 재촉한다. 그럼에도 성경읽기는 쉽지 않다. 성경읽기에는 빠른 해결책도 없다. 우리의 경험에 적합하지 않은 성경 본문의 상황도 피할 수 없고, 성경 본문을 신성시하는 모습 또한 쉽게 해결할 수 없는 난제다. 독자들인 우리를 위해 하나님의 말씀이 채택된 역사적 과정은 아주 흥미진진하며, 때로는 그리 편치 만은 않은 놀라움들로 가득 차 있으며, 이에 대한 인간의 책임도 결코 무시할 수 없다.

최근에 나는 메노나이트 문학서들을 읽으며, 그들이 가져다주는 신학적 적절성에 의해 아주 깊은 감명을 받았다. 많은 저자들이 문자주의와 무미건조함을 넘어선 언어를 우리에게 선사하였다. 그것은 교회가 우리에게 말하고 있는 것보다 훨씬 실제 삶에 가까운 경험의 언어였다. 그들의 언어는 시였고, 이야기였고, 비유, 은유 그리고 유추의 언어였다.

통상적으로 우리는 이러한 언어를 허구라고 말한다. 소위 말하는 "허구fiction"라는 것은 얄궂게도 종종 "실제 이야기nonfiction"보다 삶에 더 진실되게 다가온다. 한 작가는 "교리는 마른 뼈가 가득한 골짜기로 사람들을 인도"하는 반면, 이야기는 "슬프지만 정열적이고 동시에 유쾌한 실제적 삶의 경험으로 사람들을 이끈다"고 표현하였다.

우리에게 오는 도전은 교회의 교리가르침를 던져버리라는 것이 아니라, 어떻게 하면 이들과 관련된 우리의 상상력을 다시 살아나게 할 수 있는가 하는 것이다. 즉 우리의 언어를 풍부하게 함으로써 인생의 더욱 깊은 곳으로 가는 것이다. 미국의 소설가 프래너리 오 코너Flannery O'Connor는 교회가 만들어 놓은 믿음의 공식들은 우리의 실존에 깊이 관여하고 실존에 잘 스며들도록 돕는 역할을 한다고 하였다. 그녀는 "기독교 교리는 신비를 보호하고 존중하는 이 세상에 남겨진 유일한 것"이라고 주장하였다.

나는 토론토 신학대학원에 첫 발을 들여 놓았던 그 순간을 잊을 수 없다. 당시 나는 철학과 역사학을 공부하였던 몇 년의 경험을 갖고 있었고, 일종의 철학적 회의론과 역사적 문자주의에 몰입하고 있었다. 한 번은 내가 들은 뭔가에 의해 말문이 꽉 막힌 적이 있었는데 그것은 전통적인 기독교 교리의 변명답지 않은 변명이었다. 그 후, 나는 역사학을 공부하는 것으로 돌아가야겠다는 유혹을 지속적으로 받게 되었다.

이런 유혹은 이러한 교리교회의 신조들에 대한 공식화된 전통가 신학적인 언어, 과학과 경험적 언어와는 아주 다른 언어로 표현되어있다는 사실을 이해하기까지 오랫동안 지속되었다. 교리는 인간 실존의 가장 깊은 차원에 대하여 말하는 방식이다. 왜냐하면 교리는 일상적인 삶과 경험 뒤에 존재하는 영적 실재를 전제로 하고 있기 때문이다. 살면서 알게 된 사실이지만, 이러한 교리는 사실상 이미 잃어버린 언어였다.

신학적인 언어는 문학의 말하는 방식과 많은 공통점을 공유한다. 그것은 풍부하고 다차원적인 상상의 언어이며, 투명한 언어이다. 그것은 성경의 언어이다.

　나는 비록 교육은 제대로 받지 못했지만 한자리에서 아주 긴 성경구절을 암송할 정도로 "말씀을 마음에 간직"암송—지적인 지식보다 훨씬 더 깊은 의미의 표현함으로써 성경을 잘 이해하는 사람들을 많이 알고 있다. 그들은 성경을 문자 그대로 읽지만 아주 생생한 상상력을 사용하여 읽는다. 이들은 성경의 수많은 부분을 왔다 갔다 하면서 과거와 현재를 넘나드는 사람들이다. 나는 때때로 그들의 성경을 읽는 직관력에 놀라움을 금치 못한다. 비록 이들이 하나님, 본문 그리고 사람들에게 무슨 일이 일어났는지에 대해 온갖 지식과 정보를 가지고 성경의 단어와 본문과 인간에 대해 이해하기 위해 많은 수고를 아끼지 않는 성경학자들 보다 좀 못 할지는 모르지만 어쨌든 놀람을 금치 못한다.

　성경은 인생의 중간에 하나님을 만난 경험을 표현하기 위해 다양한 문학 장르와 표현들이야기, 비유, 속담, 노래, 편지, 고백, 비전, 꿈 등을 사용한다. 초기 기독교인들은 성경이 문자 그대로인 동시에 숨겨진 우주적인 의미가 있다고 믿었다. 이 문자 그대로라는 표현은 보다 솔직한 의미를 말하는 것이다.예를 들면, 솔로몬의 아가서는 실제 두 사람 사이에 있었던 사랑을 시로 적은 것이다 그러나 문자 그대로 읽는다고 해서 단순히 딱딱하게 고정되어 있는 경직된 의미를 전달해주는 모든 글자를 읽는 것을 의미하지는 않는다. 고대 사람들은 성경을 문자적으로 읽지는 않았다.

　사람들은 이 문자적 읽기에 더해 그 본문에 숨겨져 있는 의미를 찾아냈다. 예를 들면 솔로몬의 아가서를 하나님과 영혼의 관계를 묘사하고 있거나비유적 해석/도덕적이나 윤리적 읽기 또는 교회와 그리스도와의 관계를 묘사하고 있다고 이해하는 것이다. 이상적으로 말하자면, 가장 탁월한 성경 읽기 방법은 성경을 솔직하게 읽는 것이다. 그러나 상상력을 이용하여 숨겨진 의미를 찾아 함께 역동적으로 읽을 것을 격려하고자 한다.

이것은 마치 바하J. S. Bach의 음악과 같다. 다른 악기들이 높게 그리고 음악을 활기차게 해주는 동안 베이스continuo−음악 전체에 흐르는 저음의 저음을 전체 음악의 기본으로 자리하게 하는 방식이다. 성경에서 이 콘티뉴오continuo란 하나님께서 이러한 본문을 통해 아주 독특하고, 권위 있고, 역동적으로 말씀하고 계시다는 그리스도인의 믿음을 말한다. 1장에서 언급한 게임의 비유로 돌아가 보자. 스크래블 게임은 비록 다양한 변수들이 존재하지만 거기에는 계획과 목적이 있음을 전제한다. 이와 마찬가지로, 그리스도인은 우주가 존재하는 의미를 추측할 수 있을 것이다. 성경 본문에 있어서 인간의 단어는 영원한 말씀을 위한 매개이며, 이 영원한 말씀은 항상 인간적 의미를 지닌다. [최근에 합창 지휘자인 로버트 쇼Robert Shaw는 그가 말할 때 아주 독창적인 행동으로 말씀이 육신이 됨을 역동적으로 표현하였다.]

영원한 말씀이 육신이 되었고, 육신이 말씀이 되었다는 것. 그것은 성경의 본문을 왔다 갔다 하면서 이야기하고 있는 일종의 연주인 것이다. 이러한 수많은 진리들과 언어의 방식들을 모아 신적인 방식으로 엮는 것은 마지막 때가 되어야만 최종적으로 완성될 것이다.

3. 경험: 다른 기초는 없다?

이탈리아의 프로렌스Florence는 대리석 조각의 거장 미켈란젤로Michelan-gelo, 1475~1564의 고향이다. 미켈란젤로의 가장 유명한 작품 중 하나는 예술미가 거의 완벽에 가깝다고 말해지는 '다윗'상이다. 그러나 그는 후기로 가면서 마치 도끼로 거칠게 쪼아 놓은 것과 같이 채 완성되지 않은 조각들에 더 많은 흥미를 보였다. 나는 「깨어난 포로」Awakening Captive라는 작품을 가장 좋아한다. 그것은 육중한 돌에서 일어나 걸어 나오는 한 인간의 모습을 보여주고 있다. 그 역동적이고 감각적인 남성상은 자기와 별 차이 없는 돌로부터 자유로워지려고 온갖 힘을 다 쓰고 있다.

미켈란젤로의 이 작품은 경험하고 생각하는 인간의 출생과, 전통, 교회, 교리, 왕과 같은 외부의 권위들과 집단적 인간성에게서 자유를 구가하는 한 인간의 노력을 표현한 것으로 이해 할 수 있다. 모든 형태의 억제 및 구속에서 인간을 구해내려는 이러한 개인적 인간해방은 현대의 비전이기도 하다. 우리는 인간이 추구하는 무제한적 자유의 부정적인 결과, 특히 현대 과학과 과학기술의 부정적인 결과를 잘 알고 있다. 그러나 거기에는 긍정적인 측면 또한 많이 있음도 알고 있다.

여성운동에 대하여 잠깐 생각해 보자. 조각에 등장하는 남성은 가부장
제의 포로가 된 자신을 해방시키려 무진 애를 쓰고 있는 여성으로 바꿔 이
해해도 좋아 보인다. 여성 해방론자들은 기독교 신앙의 새로운 이미지와
성경 해석의 결정적 요인으로써 개인 경험특별히 여성들의 개인 경험을 강조한
다. 이것은 우리에게 모든 것이 처음과 끝이 있다는 사고방식의 틀을 벗어
나 직접 개인이 경험해보도록 도전한다.

성경과 전통은 경험을 통해 형성된 것이라 생각되는데, 그렇다면 경험
이 성경과 전통을 거스른다는 것은 어불성설이다. 성경과 전통은 세대의
축적된 경험이자 경험의 총체적인 고찰이다. 어떤 사람들은 성경은 유대인
들이 만들어 놓은 것이며 초대 기독교 전통 및 이들의 경험이라고 말할지
모른다. 몇몇 여성해방 운동가들이 우리들에게 상기시켜주고 있듯이 인류
가 쌓아온 경험의 도서관에서 여성들의 경험은 너무나 자주 무시되어져 왔
다.

그러나 우리가 던져보아야 할 보다 실제적인 질문들이 있다: 우리 자신
의 경험을 넘어선 우주 저편에서는 어떤 일이 일어나고 있는가? 하나님은
지금도 우리에게 말씀하고 계신가? 우리의 경험 저편에서는 무슨 일이 일
어나고 있는가? 인간에게 영원한 진리와 도덕적 의무는 있는가? 만약 그
렇다면 우리의 개인적 경험은 모든 것의 기초가 될 수 없다. 따라서 우리의
경험은 이미 일어나고 있는 일에 대한 반응으로 이해해야 더 올바른 접근
이 될 것이다.

더 나아가, 해방에 대한 우리 자신의 경험은 인류의 오랜 경험과 지혜라

는 전통 안에서 의미를 찾을 수 있을 것이다. 따라서 이러한 더 큰 전통에서 분리되거나 우리가 속한 공동체의 전통에서 분리된, 개인적인 자유는 공허하거나 의미가 없는 것이다.

이러한 의미에서 히브리 성경보다 살아있는 공동체의 경험에 대하여 더 감동적으로 묘사된 그림을 보여주는 곳은 아마도 없을 것이다. 성경에는 구원의 기억들, 기적적인 창조, 신적인 명령, 굴욕적인 패배 그리고 위대한 승리, 약점이 많은 지도자들 그리고 거역하는 추종자들, 위계질서와 거역 그리고 생존을 위한 매일의 평범한 노력이 기록되어 있다.

신명기 6장에는 마치 스크래블 게임과 같이 상호작용을 하면서 오늘날까지도 우리들에게 아주 중대한 교훈을 주는 히브리 신앙의 네 가지 중요한 요소가 들어있다.

1) 변하지 않는 영원한 진리 – 계명, 규율, 법칙들
2) 매일 자녀들에게 이야기를 들려줌으로써 전통을 전수해야 할 책임
3) 자녀들에게 무엇을 전해 주어야 할 것인가에 대한 구체적인 내용 – 우리의 선조들에게 주셨던 하나님의 약속, 이전 세대들의 경험 그리고 하나님의 진리
4) 그리고 가장 중요한 것으로써 하나님과 개인적으로 관계를 맺는 특별한 경험으로의 부르심이 있다. "너는 마음을 다하고 성품을 다하고 뜻을 다해 네 하나님 여호와를 사랑하라."

경험이 이러한 계명과 전통의 기초이기는 하지만, 그 경험이 개인의 권리자신을 사랑하는 권리를 추구하기 위한 스스로 존재하는 자아 경험을 말하는 것은 아니다. 오히려 그것은 우리가 우리 자신보다도 더 가까이 혹은 더 멀리 계신 하나님을 사랑하는 것, 굳이 바울이 사용하는 언어로 표현하자면 우리가 살고, 움직이고, 우리의 존재가 되는 경험을 말한다.

4. 성령: 과학기술 시대에 하나님께로 가는 길

나는 캐나다 마니토바 주, 스타인벡에 사는 세 명의 숙모님들이 왜 전통적인 메노나이트 교회의 한 분파인 크라이네게마인데Kleinegemeinde를 떠나 오순절 교회로 갔는지 무척 궁금했었다. 러시아의 주류 메노나이트에서 분리되었던 클라이네게마인데"작은 교회"란 뜻는 나의 선조인 클라스 라이머Klaas Reimer께서 시작하셨다. 도대체 오순절교회가 메노나이트들에게 끼친 영향이 어떤 것이었기에 숙모님들이 교회를 옮겼을까? 그들이 보다 더 역동적인 영성을 갖고 있었을까? 아니면 여성들을 더 많이 배려한 것일까?

내가 알고 있는 것은 어떤 사람이 성령의 은사를 소유했는가 그렇지 못했는가주로 "방언을 말"하는가에 대한 내용에 대해 라이머 가족 간에 있었던 논쟁과 긴장이 전부이다. 이 얼마나 요상한 성령의 열매인가! 어쨌든 이것이 내가 성령에 대한 교리를 다루면서 소개하고 싶은 첫 번째 이야기이다.

각 세대는 그 세대마다 우선시하는 종교적 관심사가 있다. 예를 들어 중세시대의 사람들은 죄, 사면, 순례 그리고 구원에 대해 더 많은 관심을 갖고 있었다. 루터가 말한 "업적by work"에 의해서가 아닌, "오직 믿음only faith"으로 의에 이를 수 있다는 소식은 즉시 수많은 사람들의 마음을 사로잡았다. 이전 시대에 없었던 현상으로써, 신에 대한 문제는 많은 현대인들을 불편하게 만들었다. 즉 세상을 만드시고창조, 세상을 돌보시고보존, 목적을 따라 인도하시는섭리 하나님에 대한 실존 자체가 문제시 되었다. 사람들이 이 문제를 신중하게 받아들이든 개의치 않든 간에, 우리와 동떨어진 신의 실존은 더 이상 관심거리가 되지 못했다.

현대의 실존에 있어서 가장 중요한 기준이 되는 과학기술생산의 예술은 굳이 신의 실재를 언급하지 않아도 세상이 어떻게 형성되었는지 충분히 설명할 수 있다고 생각하였다. 이제 하나님 대신 바로 우리가 세상을 만드는 존재들이 된 것이다! "과학기술"의 영어 표현인 테크놀로지Technology는 두 개의 라틴어가 합해져서 만들어 진 말이다. 즉 테크techne, 만들다는 뜻와 로고스logos, 생각이라는 뜻가 합해져 새로운 개념이 만들어졌다. 생각하는 것은 곧 만드는 것과 동일시되었는데 이는 묵상으로 이성을 이해해왔던 이전의 전통과는 아주 다른 입장이다. 과학기술은 단지 기계, 컴퓨터와 같은 하드웨어뿐 아니라, 유용성 및 효율성과 같은 사고방식을 함께 말한다.

예를 들어, 이것은 기도가 하나의 묵상이라기보다는 "기술"이 될 수 있다는 말이다. 이는 일요일 아침 우리가 부르는 노래, 우리가 드리는 기도, 우리가 듣는 설교가 우리 자신이 원하는 목적들을 위해 하나님을 조정하려 드는 시도정도 밖에 되지 않는다는 의미다. 이는 우리가 세상을 바라보고 결정하는 데 있어 신비로운 하나님의 방식이 적합하지 않다는 이야기이다.

역설적이게도, 하나님이 가장 무의미해 보이는 이때가 바로 초월적인 하나님에 대해 질문할 때라는 것이다. 그러나 어떻게 사람들이 그러한 실존의 신을 상상할 수 있을까? 어떻게 성령을 실존의 하나님으로 상상할 수 있단 말인가! 성령은 우리의 영혼에 가장 가까우면서도 우리가 알고 있는 그 어떤 것과도 같지 않다. 성령은 사랑처럼 일상의 경험 세계에 분명히 존재하면서도 시간이나 공간적 한계가 없다. 어느 누구도, 교회조차도, 그 성령을 독점할 수 없다.

성령은 자유케 하고, 가능하게 하고, 무엇이든 기꺼이 받아들이는 존재이다. 성령은 경직된 분이 아니라며 지나치게 관대하게 대함으로써 잘못된 황홀경으로 빠지기도 한다. 성령은 관습에 사로잡히지 않는다. 어떤 면에서 성령은 단편적으로 존재하는 것 같지만, 가장 깊은 곳에서는 언제나 일치와 연합의 상태로 존재한다.

과학기술은 자연, 세계, 인간을 다룰 때 마치 어떤 죽은 물체나 폐물처럼 다루거나, 어떤 목적을 이루기 위한 '진행과정'의 수단으로 다룬다. 반면에 성령은 죽은 사람에게 생명을 주어 살리시는 하나님의 생명력이다. "여호와 하나님이 흙으로 사람을 지으시고 생기를 그 코에 불어 넣으시니 사람이 생령이 된지라."창2:7 우리 자신의 생명은 바로 하나님의 호흡인 것이다.

성경에서 성령의 역할은 아주 분명하다. 천지를 창조하실 때, 성령은 수면 위를 운행하셨고, 무질서에서 질서를 창조하도록 도우셨다. 성령은 첫 번째 인간에게 생명을 부여하셨다. 마른 뼈들이 있는 골짜기로 에스겔을 인도하여 이 뼈들에게 생명을 주도록 하셨다. 선지자 요엘은 주의 날에 모든 사람들아들과 딸들, 남종과 여종이 성령을 받을 것이라고 예언하였다.

성령은 예수의 수태에 없어서는 안 될 역할을 하셨다. 성령은 예수께서 세례를 받을 때 강림하셨고, 그를 광야로 이끌어 내어 시험을 받게 하셨다. 예수의 가르침과 치유 사역은 성령을 통해서만 가능하였다. 성령은 그리스도 이전에, 그리스도 안에, 그리스도 이후에도 역사하셨던 분이시다.

예수께서 제자들을 떠나시는 대신 성령께서 오실 것이라고 제자들에게 말씀해 주셨다. 예수는 성령으로 말미암아 죽음에서 부활하셨고, 같은 성령께서 우리를 죽음에서 부활시키시며, 미래에 죽을 자들도 부활시키실 것이다. 오순절에 모든 사람들에게 찾아오신 분도 성령이시며, 교회를 시작하신 분도 성령이시다. 사도행전이 기록하고 있듯이 첫 번째 선교사를 보내신 분도 바로 성령이시다. 여러 세대에 걸쳐 교회가 있게 하신 분도 성령이시며 교회 내에 개혁 운동을 지속적으로 일으키시며 여성들로 하여금 지도적 역할을 담당하게 하셨던 분도 성령이시다.

요한에게 묵시록의 큰 비전을 보게 하신 분도 성령이시다. 성령께서 이 세상의 시작이 되셨던 것처럼 오는 새 세상의 시작도 성령께서 하실 것이다.

대개 우리는 성령을 에너지, 힘 그리고 생명을 주시는 분으로 생각한다. 그러나 성경에 따르면 성령은 진리의 영으로 기록되어 있다. 교회가 성경의 인용 구절들에 의해 쉽게 답변할 수 없는 심각한 도덕과 윤리적 딜레마에 직면하게 되면,예를 들어 복제, 동성애, 안락사 등 우리는 성령의 통찰력과 지혜로 하여금 이러한 것들을 결정하며 문제를 해결해야 한다.

그리스도께서 약속하신 성령은 우리에게 새로운 가능성을 탐구하도록 자유를 주신다. 이것이 그리스도께서 떠나는 것이 그의 제자들에게 더 좋을 것이라고 말씀하신 이유이다. 이르실 것이 많았으나 제자들이 아직 준비가 되지 못했다. 그러나 이들은 그가 떠난 후에 진리의 성령을 받게 되었다. 요16:12~13 사실상, 제자들은 예수가 하셨던 일보다 더 큰 일들을 하게 되었다. 요14:12

이것은 단순히 어떤 정신이나 영을 말하는 것이 아니다. 이것은 단순히 '세상의 영'이나 '인간의 영' 혹은 '어머니인 땅의 영'을 말하는 것도 아니다. 이 성령은 은사에 의해 정의되며고전12:4~11 열매에 의해 정의된다.갈5:22~23 성령은 온 세상에 드러나 있는 하나님의 영 그리고 그리스도의 영 그 이상도 그 이하도 아니다.

5. 하나님 아버지: 남성인가 여성인가?

1992년 봄, 나는 아들과 함께 독일의 "낭만의 거리Romantische Strasse"를 거닐었던 적이 있다. 그 거리는 뷔르쯔부르그Würzburg에서 시작하여 미친 루드비히 왕이 살았던 저 유명한 성 노이슈반스타인Neuschwanstein이 있는 퓌센Füssen에서 끝이 난다. 이 거리는 로던부르그Rothenburg와 비스Wies와 같은 바로크 시대의 교회들이 많기로 잘 알려져 있는 아름다운 거리이다.

건축은 한 시대를 풍미했던 사상과 이념이 어떠했는지를 잘 보여주는 하나의 지표라 할 수 있는데 17세기와 18세기의 교회들은 현란한 건축 장식품들과 더불어 이 세상의 모든 것에 정신이 빼앗겨 있음을 잘 반영해주고 있다. 사실 나는 전 역사에 걸쳐 존재하는 이러한 건축 양식들을 통해 하나님에 대한 개념이 어떻게 변화하였고 우리의 예배가 어떻게 변해왔는지 배우고 있다.

중후한 아치 모양의 요새와 같은 중세기 로마네스크Romanesque식 교회들은 안전, 영원, 변하지 않는 믿음이 무엇인지 보여주고 있다. 육중한 돌로 된 벽들은 교리적으로나 제도적으로 교회가 영원한 진리인 하나님을 확실히 믿고 있다는 사실을 그대로 드러내 주고 있다.

르네상스와 종교개혁 그리고 근대 초기에는 고딕 건축 양식이 발달하였다. 이것은 내가 좋아하는 건축양식이다. 단순하고, 날씬하며, 수직선이 강조되어 있는 건축 양식으로 건축물 그 위에 무엇인가가 존재하는 것처럼 우리의 상상력을 자극하고 있기 때문이다. 지붕은 마치 막, 혹은 늑골식 뼈대에 의해 우아하게 받쳐지고 있다. 고딕 양식의 교회를 들어가노라면, 사람들은 스테인그라스 창문을 통해 발산되는 빛과 더불어 이내 무한하고 초월적 모습의 높은 공간이 가져다주는 신비한 느낌을 받게 된다. 이것은 그 건물이 지어진 시대가 더 이상 교리적인 영원성을 즐기는 시대가 아니라는 것을 시사해준다. 이는 새로운 것에 대한 개방성을 드러내고 있다.

바로크 이후의 교회들은 낮고, 장식적이며, 보다 분방한 경향을 보이고 있는데 촌스러운 장식이 두드러진 로코코 양식의 특징이라 하겠다. 천정에 그려진 신들의 세계는 사람들의 호화로운 마음을 그대로 표현해 놓음으로써 인간 세계에 속해 있는 세속적인 믿음을 그려냈다.

메노나이트들은 항상 자신들의 교회 건물이 실용적인 면에서 뿐만 아니라 ^{초기 메노나이트들은 발각되면 피신해야 했음} 신학적인 이유로도 검소하게 지어져 있음에 자부심을 느끼고 있다. 이러한 단순한 건물들은 그들의 검소한 생활양식과 예배 및 인간관계의 중요성을 강조한다. 어떤 메노나이트 그룹은 아주 낮은 천정과 다용도의 공간에서 예배를 드리기도 한다. 하나님에 대한 어떠한 상상력이 이러한 영감을 고취시켰을까? 소비주의와 사치 그리고 정치적 정확함으로 규정할 수 있는 사회 속에서 하나님에 대한 우리의 생각은 어떤가?

우리 사회는 그리 세속적이지 않다. 설문에 따르면, 북미의 많은 사람들은 하나님을 믿고 있을 뿐만 아니라, 자신들을 그리스도인이라고 생각한다. 그렇다면 그토록 많은 사람들이 믿고 있는 이 하나님은 어떤 하나님인가?

히브리 성경에 기록된 하나님에 대한 가장 확실한 설명 중 하나가 야훼 하나님인데, 야훼는 우리가 상상하고 이해하고 형상화하는 것 이상의 존재이다. 모세의 이야기를 들어보자. "두렵건대 스스로 부패하여 자기를 위하여 아무 형상대로든지 우상을 새겨 만들되 남자의 형상이라든지 여자의 형상이라든지 만들지 말라."신4:16

성경은 거듭 반복해서 하나님을 일상적인 감각으로 만들 수 있는 어떤 객체가 아닌, 전혀 예상할 수 없는 상황에서 사람들에게 "나"라는 주체로 그려지고 있다. "여호와께서 화염 중에서 너희에게 말씀하시되 음성뿐이므로 너희가 그 말소리만 듣고 형상은 보지 못하였느니라."신4:12 이것은 신비다. 하나님은 공간과 시간을 초월하여 계시며 남성도 여성도 아니지만, 여전히 인격적으로 말하고 행동하시며, 인격적으로 반응하시는 분이시다.

현재 많은 교회가 사용하고 있는 메노나이트 찬송가Hymnal: A Worship Book를 만들 때, 위원회에서 논의했던 가장 열띤 토론은 하나님을 칭할 때 어떤 언어를 사용할 것인가 하는 것이었다. 어떤 부분에 있어서는 가능한 한 포괄적인 용어Inclusive language를 사용하도록 하였으나, 어떤 부분에서는 하나님을 표현하는 다양한 은유를 사용하기도 하였다. 예를 들어, 새로운 한 곡은 하나님을 "나를 낳으신 어머니 하나님"으로 표현하고 있다. 어느 누구도 성경이 아버지 하나님으로 표현한 남성 위주의 표현이 우세하게 사용되고 있음을 부인할 수 없다. 그러나 우리는 성경이 "이제는 내가 해산하는 여인같이 부르짖으리니"사42:14나 "너를 낳은 하나님을 네가 잊었도다."신32:18와 같은 여성의 이미지 또한 사용되고 있음을 발견한다.

창세기의 창조이야기에 나오는 하나님에 대한 이미지는 정말 흥미롭다. "하나님이 자기 형상 곧 하나님의 형상대로 사람을 창조하시되 남자와 여자를 창조하시고."창1:27 고대의 저자는 하나님이 남자도 여자도 아닌 그러나 인간의 형상 너머에 존재하고 계신 분임을 너무나도 잘 알고 있었던 것 같다. 이러한 이미지들은 단순히 돌보시는 하나님, 인격적인 하나님 그리고 심판하시는 하나님에 대하여 이야기하는 방식들에 불과한 것들이다.

이스라엘은 당시 주변 문화들 속에 있었던 자연 종교들과 자신들의 신앙을 구별하기 위해서 하나님의 남성성을 강조하였다. 히브리인들에게 남성성은 초월성transcendence-otherness을 여성성은 내재성immanence-nearness, 혹은 편재성을 상징하는 것이었다.

이러한 상징들은 큰 감정과 종교적 영향력을 갖고 있다. 이러한 영향력은 어느 날 갑자기 생긴 것이 아니라, 오랜 기간을 두고 발전되었다. 이것이 바로 사람들이 하나님에 대한 강한 전통적인 이미지를 쉽게 대치할 수 없는 이유이다. 그럼에도 이러한 남성성과 여성성의 상징들을 포함한 모든 상징과 그 의미들은 지속적으로 변한다. 어떤 이미지들은 오랫동안 영향을 끼쳤으나 점차로 다른 이미지에 의해 대치되기도 한다.

사실 이 주제는 하나님이 남성이냐 여성이냐 하는 문제가 아니다. 하나님은 남성도 아니고 여성도 아니기 때문이다. 오히려 우리의 관심은 하나님의 초월성otherness이다. 이것은 아주 중요한 문제인데 이는 하나님을 자연친근한 자연과 매우 가깝게 생각하고자 하는 우리들의 시대가 갖는 환경적 염려와 관련되어 있기 때문이다. 성령하나님의 존재에 대하여 생각하는 세 번째 방식은 우리와 매우 가까이 계신 그리고 우리 안에 계신 하나님이다.4장 참고 전통적으로 하나님을 아버지로 언급한 이 첫 번째 하나님의 존재 방식은 바로 신비적인 초월의 하나님세상을 창조하신 하나님을 묘사하는 이미지였다. 따라서 이러한 신비한 하나님을 가장 잘 표현할 수 있는 우리 시대의 이미지를 발견하는 일이 우리에게 도전으로 주어져 있다.

6. 예수-그리스도: 밑그림 그리기

최근에 한 노인이 슬픔에 잠긴 채 내게 말을 건넸다. "요즘에는 모두 하나님에 대하여 이야기를 하는 것 같아 보이는데, 예수에 대하여 말하는 사람은 더 이상 없는 것 같네."

흥미롭게도 메노나이트들은 하나님 보다 예수에 대하여 더 많이 이야기하는 경향이 있다. 이것은 다음과 같은 질문을 낳게 한다. 예수는 하나님과 어떤 관계에 있는가? "내가 곧 길이요 진리요 생명이니 나로 말미암지 않고는 아버지께서 올 자가 없느니라"요14:6라는 아주 자주 인용되는 성경구절 또한 같은 질문을 낳게 한다. 이 성경구절은 타 종교와의 관계에 있어 예수의 진리에 대한 독점적인 권리 주장으로 인식되어 많은 논쟁을 불러일으키기도 하였으며, 정말로 예수는 어떤 사람일까? 궁금증을 갖게 한다.

성경은 우리에게 예수에 대한 수많은 그림들을 보여주고 있다. 말씀인 예수요1장, 종으로 오신 예수빌2:5~7, 양자된 예수마3:17, 모범이 되신 예수히12장, 유일한 길 예수요14:6, 모든 것을 통일하는 예수엡1:10, 하나님이신 예수요20:28 등. 그러나 이러한 것은 예수에 대하여 묘사하고 있는 수많은 성경의 그림들 중 몇 가지 예에 불과하며, 예수를 존경하여 부르는 그리스도, 하나님의 아들, 사람의 아들, 메시아, 주와 같은 이름은 포함되어 있지 않다.

예수는 자신의 역할과 정체성에 대해서는 늘 말을 조심하였고, 자신이 그리스도라는 사실을 다른 사람들에게 말하지 말라고 하셨다. 이러한 것을 우리는 종종 "메시아적 비밀"이라고 부르기도 한다. 한때 그는 "네가 어찌하여 나를 선하다 하느냐? 하나님 한분 외에는 선한이가 없느니라"막 10:18고 말씀하시기도 하였다. 이 구절은 내 아들이 어렸을 적에 "나는 예수가 싫어" 하고 반응을 나타낼 정도로 내 아들에게 좋지 않은 인상을 심어주었었다. 왜냐고 묻자, "예수는 너무 거만해요. 자신이 하나님이라고 생각하고 있으니까 말이에요"하고 대답하였다. 비록 예수는 하나님과 하나 됨을 이야기하고 있기는 하지만 사실 그 자신을 아버지와 동등하게 여기지는 않았다.

그러면 이러한 예수를 묘사하는 서로 다른 그림들이 하나가 될 수 있는가? 이 질문이 바로 초대 교회가 던졌던 바로 그 질문이다. 우리가 예배하는 예수는 누구인가? 처음 몇 세기 동안 교회가 행한 것은 예수님에 대한 밑그림을 그리는 작업으로 특별히 하나님과 성령과 관련되어 있었다. 우리는 경찰이 목격자와 단서들을 기초로 그린 "현상범" 포스터에 그려진 몽타주가 어떤 것인지 잘 알고 있다. 그러나 초기 교회는 이러한 그림과는 달리 원래의 예수에 대하여 알기를 원했을 뿐 아니라, 어떻게 예수를 지속적으로 경험하며, 어떻게 예수가 예배의 대상이 되었으며, 어떻게 그를 잘못 이해하게 되었는지 알고 싶어 했다.

다른 말로 표현하자면, 그들은 살아있는 총체적인 예수에 대해 알고 싶어 했다는 말이다. 그것은 단순히 나사렛의 예수뿐만이 아니라 그들이 이단들에게서 보호하기 원했던 그리스도이신 예수에 대한 것이었다.[그리스도는 성姓이 아니라 그를 존경하고자 표현했던 호칭으로 하이픈을 넣어서 표기되어야 한다.]

우리는 "이단"이란 표현을 좋아하지 않는다. 그것은 지나치게 잘못된 것을 판단하는 심판의 언어처럼 들리기 때문이다. 어쩌면 이것은 우리가 뭔가를 잘못 이해하고 있기 때문일 것이다. 우리는 너무 폭 넓은 시각으로 혹은 너무나 자유로운 시각으로 이단을 생각하는 경향이 있다. 그러나 실제로 이단이라는 말은 매우 편협한 관점을 갖고 있다는 의미이다. 이단은 예수-그리스도의 수많은 그림들 중의 하나, 최선의 것 하나를 선택해 놓고 그것이 전체인양 생각한다.

초대교회의 기독교 삼위일체라는 교리를 통해 그려진 예수-그리스도의 그림은 가능한 한 모든 것을 포용하고 이해하려는 시도였고 하나님의 하나이심과 삼위를 모두 포용하고자 하려는 시도였으며 가능한 한 편협성에서 벗어나고자 했던 시도였다.

최근의 텔레비전에서 방영된 캐나다 전 수상, 피에르 트루도우의 전기에 따르면, 그가 어렸을 때 가톨릭교회에서 교리문답 공부를 할 때 삼위일체를 부정하는 어떤 소년을 괴롭힌 적이 있다고 하였다. 내가 만약 그와 함께 젊은 시절을 보냈다면 아마 그에게 괴롭힘을 받았을지도 모른다. 메노나이트들은 삼위일체의 교리에 대해 주장하는 자세를 취하지 않는다. 그럼에도 하나님에 대한 기독교 이해의 중심에는 삼위일체가 자리하고 있고 이러한 것이 다른 종교와 구별되는 내용이기도 하다.

삼위일체에 대한 교리의 역사적인 발전과정 뒤에는 다음과 같은 세 가지 신념이 자리하고 있다.

1) 유대인과 최초의 그리스도인들은 유일하시며 초월적인 유대인의 하나님 야훼를 믿었다.
2) 예수-그리스도를 죄의 용서와 부활의 삶을 개인적으로 경험했던 사람들로서, 그들은 예수 안에서 유대인의 유일한 하나님을 경험했다고 믿었다.
3) 오순절에 성령 충만을 경험한 처음 그리스도인들은 야훼 및 예수-그리스도의 바로 그 성령을 경험하였다.

초기의 그리스도인들은 세 가지로 유일하신 하나님에 대하여 이야기하기 시작했다. 아버지 초월적인 신비의 하나님과 창조주 하나님, 성령 지속적인 통찰력과 교회의 영적 원동력이 되는 역동적인 영적 힘의 근원 그리고 아들 특별하고 역사적인 인물-사건.

이러한 것들은 음악의 세계에 대한 비유를 통해 보다 더 생생하게 시각화 할 수 있다. 하나님은 지휘자 혹은 콘서트마스터와 같다. 하나님은 분리되어 있지만 전체를 지휘하고 조절하는 분이시다. 혹은 콘서트마스터로서 하나님은 연주자 중의 하나이시지만 일반 연주자들과는 달리, 민감하게 모든 것을 하나로 연합하도록 음을 조절하고, 간접적으로 영감을 주고 영향력을 미친다. 하나님은 실제로 지휘자요 콘서트마스터이다. 하나님에게는 멀리 떨어져 있지만 신비하게도 전체 심포니를 연주하는 감각이 있다. 그리고 하나님은 우리 가까이 계시며 콘서트마스터로서 우리들 중에 하나이신 하나님^{내면의} 성령으로 계신다.

그러면 그리스도에 대한 다른 구성 요소에는 어떠한 것이 있을까? 내 강의를 듣는 학생 중 하나가 위의 은유를 조금 더 확장해 볼 것을 제안하였다. 예수를 작곡과 같다고 말하는 사람도 있을 것이다. 예수-그리스도의 출생, 삶, 가르침, 죽음 그리고 부활의 사건 안에서 우리는 우리가 무엇을 믿고 있는지에 대한 악보, 가사 및 특별한 내용들을 얻을 수 있다. 그러므로 하나님은 음악에 있어서 지휘자^{아버지}요, 콘서트마스터^{성령}요, 작곡^{아들}의 속성을 모두 갖고 있는 세 가지 모두라고 할 수 있다.

7. 창조: 미래로 돌아가기

꿈과 비전을 내가 가장 좋아하는 이유는 그들이 시간과 공간이라는 통상적 법칙에 쉽게 굴복하지 않기 때문이다. 꿈과 비전에는 특별한 질서도 없고 초, 분, 시, 날, 년, 세기, 천년으로 구분되는 어떤 분명한 시간 개념도 없다. 그런 의미에서 우리는 한 순간의 꿈을 통해 일생을 경험할 수도 있다. 꿈속에서 우리는 다른 것으로 변화되거나 육체가 없는 존재가 될 수도 있다. 다른 세기에 살고 있는 우리 자신을 발견할 수도 있다. 꿈속에서는 미래가 마치 과거처럼 보이기도 하고, 지나간 미래가 있기도 하고, 올라갔다 내려갔다 하기도 한다. 시간이 정지되어 있기도 하고, 갑자기 중단되었다가 거꾸로 돌기도 한다. 꿈속에서는 무엇이든 불가능한 것이 없다.

현재 과학의 상대성 이론, 공간과 시간의 곡률 이론, 에너지와 물질의 상호교환성^{미래영화 및 공상과학 영화에서 주로 이용되는 내용들임}은 꿈의 세계에서 그리 새로운 것들이 아니다.

성경은 이러한 꿈과 비전들^{영이 물질로 변하며, 물질이 영으로 변하며 시간이 멈추어서는 것들}로 가득 차 있다. 가장 매혹적인 것 중의 하나가 계시록에 나오는 이 세상의 끝과 새로운 세상의 시작에 대한 요한의 비전이다. 나는 종종 만약 요한의 "새 하늘과 새 땅"에 대한 비전 그리고 "하나님에게서 하늘이 내려오는 거룩한 성, 새 예루살렘에 대한 비전"이 미래를 보는 비전이거나 예언이라면, 창세기 1장, 2장은 오래전에 주어진 예언 혹은 과거에 이미 주어진 비전이 될 수 있다고 본다.

창조이야기는 세상이 아주 완벽하고 독창적인 모습이었다는 비전이며 언제가 한 번은 다시 그렇게 될 것이라는 비전이다. 계시록은 창세기가 되고 창세기는 계시록이 된다. 원래 성경이 제시하는 미래는 아주 이상하고 예측할 수 없는 방법으로 다가올 것이다. 그렇다면 창조에 대한 그리스도인의 비전이란 무엇인가? 그것은 우리가 어떻게 세상과 그 안에 있는 우리의 삶을 이해하며, 우리가 어떻게 자연을 보며, 자연과 관련되어 있는 우리의 모습은 어떠해야 하는지 이해하는 내용과 연관이 있다.

아마도 기원전 900년에서 400년 사이에 정리된 창세기는 사실상 우주의 기원을 설명하기 위해 150억 년 전에 폭발했다는 빅뱅Big Bang 이론이라든지 혹은 최근의 양자역학 이론이라든지, 혹은 분자 생물학과 같은 과학적 설명에는 본질적으로 관심이 없다.

왜 거기에는 이런 과학적 이론들이 전혀 없는가? 우리는 어떤 존재들인가? 우리는 신들인가 아니면 정원사들인가? 이러한 것들은 성경의 시작에 나오는 창조의 비전 뒤에 숨겨져 있는 기본적인 질문들이다. 이러한 질문들은 서로 얽혀있지만 과학적인 질문들이라기보다는 신학적인 질문들이다.

창세기 1:1~2:4a에 기록되어 있는 창조에 대한 첫 번째 비전은 인간을 창조의 절정에 두고 멋진 대칭을 이루는 아주 질서 정연한 비전이다. 하나님복수로 기록됨께서 "우리의 형상을 따라 우리의 모양대로 사람을 만들자"고 말씀하셨고 인간들에게는 땅을 정복하라는 임무와 모든 것을 다스리는 임무가 주어졌다.종종 우리는 이것을 "문화 명령"이라 부른다

두 번째 창조 이야기창2:4b~25는 인간에 대한 다른 비전으로 기록된 이야기 중에 보다 덜 조직적이고 덜 질서적인 기록이다. 인간은 태초에 흙으로부터 창조되었고 하나님의 영에 의해 생기가 불어져 생명을 얻게 되었다. 우리는 물리적으로 자연우리의 유한성에 얽매여 있는 존재요, 영적으로는 하나님과 연결되어 있는 존재요, 자연에서 자유로운우리의 무한성 존재로 묘사되어 있다. 이 두 번째 기록에서 문화명령은 신적인 대리자로서 땅을 경작하고 동산을 지키는 식으로 훨씬 부드럽게 표현되어 있다.

여기서 우리는 우주에서 살고 있는 우리들의 역할에 대한 두 가지 비전을 발견할 수 있다. 우리는 너무나 자주 신들이gods되기 위한 우리의 꿈정복하고, 통치하고 서로 간에 혹은 이 땅 위에서 강자가 되려는 그리하여 모든 것을 파괴시키는 타락의 꿈을 정당화하기 위해 첫 번째 비전을 사용해왔다. 그래서 두 번째 비전이 주는 안목관리하고, 경작하고, 세상을 돌보는 꿈을 너무나 쉽게 잃어버리곤 한다.이전에 수업을 듣던 한 학생은 비폭력의 꿈을 실천하기 위해 가능한 한 뭉툭한 쟁기로 땅을 파러 가기도 했다.

창조는 언제나 역동적이고, 언제나 변화한다. 창조는 지속적이다. 사도 바울은 인간에게 주어진 자유를 고대하는 전체 피조물에 대한 매혹적인 이미지에 대해 언급하였다. "피조물의 고대하는 바는 하나님의 아들들이 나

타나는 것이니…그 바라는 것은 피조물도 썩어짐의 종노릇 한데서 해방되어 하나님의 자녀들의 영광의 자유에 이르는 것이라."롬8:19-21

자연은 그들을 자유케 해줄 하나님의 아들예수에 의해 자유케 된 "하나님의 자녀들"을 기다리고 있다. 이 얼마나 흥미로운 생각인가! 자연을 구속하는 것은 사람들의 구속에 달려있다는 것이다. 왜냐하면 인간이 에덴동산에서 하나님께서 계획하신 것처럼 온 세상의 책임 있는 관리자로서 자신들을 자유하게 할 수 있는 존재이기 때문이다. 그 아들은 "모든 창조물보다 먼저 나신 자니; 만물이 그에게서 창조되되 하늘과 땅에서 보이는 것들과 보이지 않는 것들과…"골1:15~16 "그런즉 누구든지 그리스도안에 있으면 새로운 피조물이라. 이전 것은 지나갔으니 보라 새것이 되었도다!"고후5:17

이렇게 창조물들을 자유케 하기 위한 우리의 역할은 무엇인가? 이러한 구속은 아주 작은 것에서 시작된다. 쉰들러 리스트라는 영화를 기억해 보자. 그다지 고상한 덕을 소유한 사람이 아닌 쉰들러가 약 1,100명이나 되는 유태인들을 아우스비츠에서 사들여 자신의 공장에서 일하게 하였다. 끝부분에 보면 그가 자신의 나치 금 핀을 녹여 팔았다면 보다 더 많은 사람들을 구할 수 있었을 거라 말하며 자신이 갖고 있던 양심의 가책을 극복한다. 그의 유태인 회계사는 그에게 아주 오래된 유태인의 속담으로 그를 위로 한다: "한 사람을 구원하는 것이 바로 세상을 구원하는 것이다."

8. 타락: 선악을 안다는 것

나를 가르치셨던 신학 교수 중 한 분이 내게 이런 말을 한 적이 있다. "라이머, 네가 갖고 있는 문제는 너희 메노나이트들이 갖고 있는 '윤리의식'에 있다. 네가 범할 수 있는 가장 사악한 죄에 대하여 진지하게 생각해 보고 와라. 그러면 너는 네 자신의 모습으로 살수 없다는 사실을 깨닫거나 하나님의 은혜를 따라 사는 방식을 배우게 될 것이다."

우리는 사람들에게 죄를 지어보라고 추천할 수는 없다. 그러나 나의 교수님은 적어도 우리가 얼마나 선한지 혹은 교회가 얼마나 선한지에 대한 우리 스스로의 이해가 어떤지 우리가 진실로 선한 일을 행하는데 얼마나 자주 주저하고 있는지 정확하게 지적하였다. 하나님에 대한 참된 사랑과 다른 사람을 향한 참된 사랑만이 진실로 선한 것이다. 죄는 자신에 대한 왜곡된 사랑이며 자신만을 생각하는 잘못된 사랑이다. 여기에는 자기 자신을 크게 보이기 위해 자연, 사물, 사람들 혹은 하나님까지 이용하며, 종종 다른 사람을 위장된 모습으로 사랑하기도 한다.

이러한 잘못된 사랑의 다른 이름은 자기 의다. 좋은 인상을 심어주기 위해 겉으로는 훌륭한 행동을 하지만 우리의 내면적인 불안정을 숨기는 것이 곧 자기 의로움이다. 이러한 것은 우리로 하여금 다른 사람보다 낫다는 우월의식을 갖게 한다.

때때로 시인, 소설가 그리고 언론인들은 전통의 공식적인 문지기들조차도 막아내지 못한 우리 자신과 교회의 어두운 면과 잘못된 속내를 멋지게 폭로한다. 나는 자신이 처한 입장이 어떻든지 참된 선 즉 아무 것도 기대하지 않고 선을 행하는 사람들을 보며 놀라움을 금치 못한다. 더스틴 호프만이 연기한 영화 「히어로」의 주인공은 여러 면에서 아주 비열한 사람이다. 그는 가족 및 도덕적 기준이 되는 일반적인 법을 따라 사는 사람이 아니다. 그러나 아주 특정한 시간, 특정한 장소에서 있었기 때문에, 그는 자신의 모든 본능을 거역하고 비행기에 타고 있는 죽을 운명의 사람들을 모두 구하였다.

실제로 우리 모두는 한 배를 타고 있는 사람들이다. 우리의 자연적 본능들은 비록 다른 사람들로 하여금 비용을 치르도록 하면서까지 자기 보호를 위해 존재한다. 이것이 우리의 타락한 본능이며 우리가 가진 죄의 근본적인 죄이다. 우리는 죄악 된 세상에서 살고 있다. 발전이라는 이름 아래 행해지는 파괴, 국가의 이름으로 행해지는 잔인무도한 행위, 보통 사람들이 상황이 옳다고 하면서 수행하는 파괴행위 등은 우리가 무슨 일이라도 행할 수 있음을 반영해 주는 예들이다. 이러한 진리는 우리가 알고 있던 "유고슬라비아" 친구들에 의해서도 절실히 느낄 수 있었다. 1990년대 초, 우리는 이전 유고슬라비아에서 캐나다로 이주한 네 명의 가족을 세르비아 아버지, 크로아티아 어머니 그리고 두 명의 어린이 도운 적이 있다. 그들은 그렇게 선하고 사랑스런 사람들이 위기의 때에 얼마나 사악하고 잔인해질 수 있는지를 목격한 사람들이었다.

우리의 잠재의식에 도사리고 있는 악마의 정체를 누가 알기나 하겠는가? 프로이드가 이러한 잠재의식에 대해 연구하기 훨씬 전에 욥, 시편의 저자들, 바울, 성 어거스틴 그리고 루터는 이러한 모든 것을 잘 알고 있었다. 창세기의 저자 또한 세상의 타락한 본성에 대한 아주 놀라운 식견을 갖고 있었다. 창조 기사에 따르면 세상을 돌보는 특별한 책임과 함께 인간에게는 하나님의 형상을 따라 지음을 받은 특별한 지위가 주어졌다. 그러나 이 책임 주변에는 항상 경계선들이 주어져 있다. 선악을 알게 하는 나무와 생명나무가 바로 그러한 책임의 한계이다.

이 두 번째 나무는 아주 특별한 관심을 끌었다. 왜 아담과 이브가 그것을 먹지 않았을까? 뱀뱀을 모든 동물 중에 가장 간교하고 시험의 근원으로 표현한 것은 매우 흥미롭다. 이은 하나님께서 사람이 그 나무의 실과를 따먹으면 선과 악을 아는 일에 하나님과 같이 될 것을 이미 아시고 이를 금지하셨다고 사람을 설득하였다. 그들이 실과를 따먹었을 때, 그들은 순수함을 잃었고, 그들의 눈이 밝아져 두려움 때문에 하나님에게서 숨어야 했고, 서로의 잘못을 숨겨야 했다.

그러면 그 악은 어디에 있었는가? 정확하게 말하자면 악은 그들에게 주어진 자유, 하나님의 형상과 같은 좋은 것을 잘못 사용한 데서 온 것이 아니다. 죄와 악이 그렇게 유혹적인 이유는 악이 선의 변형된 형태이기 때문이다. 우리의 선함이 곧 악의 근원이 될 수 있다.

하나님에 의해 내려진 처벌타락의 결과에 대하여 이야기되는 또 다른 길 또한 우리의 관심을 끌기에 충분하다. 처벌로서 우선 사람들과 동물 간에 적대감이 생기게 되었다. 내가 너로 여자와 원수가 되게 하고 너의 후손도 여자의 후손과 원수가 되게 하리니 그리고 남자가 여자의 우위에 서게 되고, 남편은 너를 다스릴 것이며 사람과 자연이 서로 멀어지며, 땅이 네게 가시덤불과 엉겅퀴를 낼 것이라 자연이 오염될 것이며, 땅은 너로 인하여 저주를 받고 필경은 죽게 되었다. 너는 흙으로 돌아갈 것이라.

창세기의 저자는 서로 긴밀하게 연결된 것으로 모든 창조물들을 이해하였다. 사람들이 무제한의 자유를 가정하자 그 결과는 지배와 멀어짐과, 관계의 훼손과 모든 관계의 파괴로 나타났다.

우리는 하나님이 아담과 이브를 에덴동산에서 내어 쫓으셨다고 알고 있다. 이는 첫 번째 나무인 생명나무의 실과를 먹고 영생하지 못하도록 하기 위함이었다. 창3:22~23 이 생명나무는 후에 아주 중요한 상징으로 작용하는데 이는 곧 예수 그리스도와 동일시되고 있다. 성경이 시작되면서, 곧 그것은 끝인 생명나무와 연결되어 있다. 새로운 것은 지금 그 생명나무가 도시 한 가운데에 있다는 것이다. 요한 계시록은 우리에게 다음과 같은 비전을 보여준다. "그때 천사가 수정같이 맑은 생명수의 강을 내게 보이니 하나님과 및 어린양의 보좌로부터 나와… 강 좌우에 생명나무가 있어 열두 가지 실과를 맺되…. 그 나무 잎사귀들은 만국을 소성하기 위하여 있더라." 계 22:1~2

이것이 세상을 다시금 연합하기 위한 그리고 하나님과 다시 연결시키기 위한 하나님의 비전이다. 에덴동산의 그 생명나무는 태초부터 있었던 하나님의 은혜생명에 대한 상징이다. 이 은혜의 나무는 창조의 중앙에 위치해 있었다. 이 생명나무를 먹지 못하게 하였던 하나님의 금지는 은혜 역시 우리 맘대로 취할 수 있는 것이 아니라는 사실을 알려준다. 은혜란 하나님께서 먼저 제의하심으로 우리들에게 주어지는 선물인 것이다.

9. 보존: 하나님은 세상을 가지고
주사위 놀이를 하시는가?

알버트 아인슈타인Albert Einstein은 단순한 물리학자가 아니었다. 그는 어떻게 우주가 생겨났을까? 무엇이 우주를 움직일까? 하는 아주 엄청난 질문들을 놓고 씨름했던 철학자였다. 안락의자에서 상대성 이론과 에너지 및 물질의 가역성에 대하여 발견한 후,E=MC2 그는 모든 것에 아주 단순한 열쇠가 될 수 있는 통합이론을 발견하고자 평생 애썼다. 온 우주를 담는 성배를 위한 이 질문은 캠브리지의 물리학자 스티븐 호킹Stephen Hawking으로 계속 이어지고 있다.

신학이해를 추구하는 믿음과 철학지혜를 사랑하는 학문은 역사적으로 볼 때 거의 분리될 수 없는 학문이다. 그러나 지난 두 세기 동안 이들은 서로 분리되었을 뿐만 아니라, 종종 자신들이 무엇을 해야 하는가 하는 소명, 즉 모든 것을 서로 잇도록 숙고하는 소명을 잃어버리게 되었다.

아인슈타인은 하나님께서 세상을 가지고 주사위 놀음을 하신다는 생각까지 하게 되었다. 그는 모든 실제를 연결시켜주는 근본적인 통일성이 존재하는 것은 아닐까? 궁금해 했고, 우연에 의해 통치되는 우주의 어떤 변덕이 존재하는 건 아닐까? 하고 궁금해 하였다. 금세기의 수많은 사상가들은 우리가 얻는 것은 우리가 보는 것이라고 주장한다. 거기에는 두절됨, 분열 그리고 가장 깊은 곳에서 느껴지는 단결의 부족이 있다. 보스니아, 르완다 그리고 9월 11일 뉴욕의 사건에 비추어보면 이는 그럴 듯한 결론이다.

고대인들은 영원한 질서말씀가 있음을 인정하였다. 캐나다 철학자 조지 그랜트Geroge Grant가 이야기한 것처럼 고대인들은 시간을 "움직이는 영원의 그림자"라고 이해하였다. 시간, 역사 그리고 인간의 행동은 하나님의 영원한 의지나 하나님의 존재와 같은 외부의 기준에 의해 측정된다.

현대는 이러한 것을 거꾸로 만들어 놓았다. 영원은 빠르게 지나가는 시간의 그림자가 되었고, 인간의 소원과 상상이 투영된 것으로 변해 버렸다. 과거에서 현재와 미래에 이르는 시간, 진보, 운동 그리고 계속 나아가려는 움직임이 마치 모든 것인 양 되어 버렸다. 프리드리히 니체Friedrich Nietzsche와 같은 현대 철학가들은 이러한 것을 "신의 죽음"이라는 표현과 더불어 수평관계의 소멸이라고 불렀다. 우리는 우리 자신이 위치해 있는 해변이 없는 열린 바다에 나아와 있다.

이러한 것은 우리의 행동윤리과 깊은 관련이 있다. 만약에 우리가 서있는 곳이 어디인지 알 수 있는 좌표가 없다면, 영원한 표준이 없다면, 도덕 및 인간의 가치는 권력을 가진 사람들에 의해 결정되게 되어 있다. 이러한 것을 니체의 용어를 빌어 표현하자면 "권력을 향한 의지"라 할 수 있겠다.

현대의 상대성 이론은 도덕을 포함한 모든 것들을 완전히 상대적으로 만들어 보고자 하는 신념을 지지하는데 종종 이용된다. 그러나 흥미로운 것은 아인슈타인도 모든 것을 판단할 영원한 것빛의 속도이 있다고 한 점이다. 특히 순수수학을 비롯한 과학은 마치 플라톤의 이상세계와 같이 실존을 이해하기 위해 공식과 등식을 계속 만들어 내고 있다.

이러한 것은 나로 하여금 전통적인 창조 교리에 뒤따라 나오는 보존 및 하나님의 섭리에 대한 기독교 교리를 다룰 수밖에 없도록 만들었다. 보존은 세상을 움직여 나가시는 하나님의 보존 방법과 연관되어 있다. 섭리는 하나님의 인도, 세상의 마지막 때 그리고 하나님의 목적을 다룬다. 따라서 우리에게 주어진 질문은 어떻게 세상을 보존하시는 하나님의 섭리를 이해할 것인가하나님께서 사용하시는 것은 무엇인가 하는 것이다.

아인슈타인처럼 나는 세상이 근본적으로 변덕스럽고, 모순이며, 끝이 완전히 개방되어 있다고 믿지는 않는다. 나는 이러한 분명한 단절과 분열의 배후에 우리의 역사와 행동에 대한 의미와 의무를 찾게 해주는 질서 및 구조가 있다고 믿는다. 이러한 구조들어떤 사람들은 조심스럽게 법칙이라고 부르는은 하나님의 세상을 보존하는 역할을 담당한다. 하나님의 뜻은 아주 독단적인 것이 아니라 최소한 부분적으로 규칙, 질서, 법률, 제도를 이루어 가며 인간 세상을 구성한다.

그리스도인들이 보다 진지하게 생각해 보아야 할 것은 어떻게 가족, 국가, 주, 사회, 문화 등 사람들이 만든 제도들이 하나님께서 세상을 보존하시는 이러한 구조와 연관이 있을까 하는 것이다.

캐나다 예술가인 마이클 스노우Michael Snow는 그의 작품에서 이렇게 말했다: 나는 내가 관여하는 게임의 법칙을 만들어 나간다. 만약에 내가 게임에서 지기 시작하면, 나는 법칙을 바꾼다. 현대인으로서, 우리는 이러한 방식으로 우리의 삶을 보는 경향이 있다. 우리는 게임을 창의해 내고 우리에게 적합하도록 법칙들을 바꾸어 나간다. 기독교의 비전은 다르다. 어떤 사람들은 이 비전이 아주 제한된 자유밖에 주어지지 않은 이미 결과가 정해져 있는 조각퍼즐과 같은 것으로 이해하고 있다.

존 어빙John Irving의 오웬 메니를 위한 기도에서 오웬 메니Owen Meany는 조각퍼즐을 맞추기 위한 방식으로 하나님의 섭리를 이해하는 아주 민감하고 강한 감각을 소유하였다. 이 책을 통해 오웬 메니에 의해 거의 설득된 나 자신을 발견하였다. 거기에는 세상과 우리의 개인적인 인격에 대한 아주 다루기 곤란한 내용들이 들어 있다. 그러나 결론부에서 나는 스크래블 게임의 비유가 유대-그리스도인들의 비전에 더욱 정확하고 가깝다는 것을 알게 되었다.1장 참고 그것은 이미 우리가 측정할 수 있는 바와 같이, 제한된 세계 및 제한된 구조 내에서 살고 있는 사람들에게 최대한의 역동적인 자유를 부여해 주기 때문이다.

절대로, 하나님은 세상으로 주사위 놀이를 하시는 분은 아니시기 때문이다.

10. 구원 1: 야쉬 시멘스^{Yasch Siemens}냐 조지 브렁크^{George Brunk}냐?

1984년 소설가 아르민 위브^{Armin Wiebe}는 『야쉬 시멘스의 구원』이라는 메노나이트 고전을 통해 캐나다의 마니토바주 남부 일대를 흥분시켰었다. 이 소설을 읽은 사람들은 환상과 실제, 성과 종교, 독일어와 영어, 맥주와 교회의 간증이 뒤섞여 있는 메노나이트 마을의 실태를 읽으며 실제로 우려하는 마음을 가졌다.

마니토바 주 남쪽 지역에서 성장한 나는 이 책이 이전에 내가 읽었던 그 어떤 책보다 더 정확하게 평원의 메노나이트 삶과 정신을 잘 그려놓았다고 생각했다. 그 중 야쉬 시멘스^{Yasch Simens}라는 주인공이 경험한 구원과 그 의미에 대한 위브의 섬세한 표현은 정말로 나를 매료시켰다. 거기에는 죄인을 위한 감동적인 회심도 없었다. 브렁크^{Brunk}라는 부흥사가 이끄는 집회에서 쉽게 볼 수 있었던 "앞으로 나아가"서 회심을 경험하는 그런 내용도 없었다. 죄와 잘못에 대하여 고군분투하는 모습도 없었다. 갑작스런 구원도 없었다.

야쉬의 구원은 자신이 소유한 땅의 반 정도를 물려받았던 한 여인과 더

불어 시작된다. 약 120킬로그램 정도 나가는 오아타 니다르프Oata Needarp라는 한 여인을 만나게 되면서 그의 구원의 여정이 시작된다. 깡마른 사디 니켈Sadie Nicker이라는 여인에 대한 야쉬의 환상은 벗나무 술에 중독되어 있는 야쉬를 만나 그를 교회의 모임으로 인도한 오아타라는 여인에 의해 서서히 사라지게 되었다.

결혼을 전제로 한 교회 앞에서의 희비가 엇갈린 간증과 고백은 사람들이 기대한 이상과는 거리가 먼 것이었다. 그러나 그 두 사람은 결혼을 했고, 아이들을 낳았고, 농장을 소유하였고, 교회를 출석하며, 평범한 삶을 살았다. 쓸모없는 사람인 야쉬 시멘스에게 구원은 성장과 사랑과 정열을 경험하면서 찾아왔다. 즉 그의 삶에 신중함이 생기고, 그가 마을의 책임 있는 구성원이 되었다. 결국 인생이란 그렇게 나쁘지는 않다는 깨달음에 그의 눈이 열리는 모습으로 책은 끝난다.

1950년대 내가 이 글에 나오는 마을에서 살았을 때는 조지 브렁크 2세Geroge R. Brunk II라는 미국 메노나이트 부흥사가 구원에 대해 아주 떠들썩한 모습의 설교로 그 마을을 휩쓸고 있었다. 그의 집회에는 선하든 악하든 나와 같은 젊은이들의 종교적 감수성을 자극하는 메시지가 있었다.

브렁크Brunk는 캬라반 트럭에 아주 어마어마한 텐트를 싣고 다니며 열정적인 수사학으로 전통적인 메노나이트의 공동체에 문화적 변화를 가져온 유명한 사람이었다. 브렁크가 제시한 구원이란 사람의 잘못된 상태, 죄 된 상태 혹은 죽은 상태를 인정하는 것이었다. 사람들은 그리스도를 믿어야만 하며, 하나님께 항복함으로 한 사람의 인생에 찾아오는 감동적인 회심이 있어야만 했다.

야쉬 시멘스의 설명에 의하면 구원은 뭔가 비범하고, 특별하며, 평범한 실존을 파고드는 것이어야 했다. 바울, 어거스틴, 루터, 웨슬리 그리고 척 콜슨과 같은 성경의 인물과 역사적인 인물들을 해방시킨 구원 메시지는 조금도 의심할 바가 없었다.

그러나 우리들 중 몇 사람들에게 구원은 너무나 비싼 값을 요구하였다. 어떤 사람에게 구원은 수 년 동안 자신의 존재를 의심하고, 노이로제에 걸리고, 때론 절망에 빠지는 모습으로 나타났다. 내가 갖고 있는 종교적인 기질의 절반은 좀머펠트-버그탈러 서부 지역Sommerfelder-Bergthaler West Reserve 에서 경험한 야쉬 시멘스에게서 왔다. 그리고 나머지 반은 브렁크가 영향을 미친 클라이네게마인데-스타인벡 동부 지역의 감수성이 예민한 메노나이트에게서 왔다. 이러한 영향은 나를 지나치게 내성적으로, 죄의 가책을 가진 영성으로 기울어지게 만들었고, 특히 배리 무어Barry Moore, 잭 부르첸Jack Wurtzen, 조지 블렁크George Brunk와 같은 복음주의자들의 구원 메시지에 큰 영향을 받은 것이었다.

나는 여러 번 단 앞으로 나아가서 끊임없이 기도하고 죄를 고백했었다. 그리고 항상 헛된 일이었지만, 종교적 황홀경과 확실성을 찾기 위해 셀 수 없이 많은 '회심들'을 경험했었다. 그러나 정작 구원은 특별한 방식으로 찾아왔다. 나는 오랜 기간 동안 나 자신을 이해하기 위해 정신과 치료를 받으면서 열심히 공부했다. 결혼과 가정 그리고 직업을 갖고 종교적인 공동체에 속하는 경험을 하기까지는 더 많은 이해가 필요했다. 이러한 과정을 통해 구원의 의미를 보는 나의 눈은 조금씩 점진적으로 열렸다.

구원에 대한 브렁크의 메시지가 나에게 신학을 공부하도록 강한 열정을 선사해 주었기에 나는 그에게 큰 빚을 지고 있는 셈이다. 나는 내가 어렸을 때 구원과 진리에 대하여 몽매했었다는 사실에 슬픔을 금할 수 없다. 우리 세대는 우리 자녀 세대들이 지옥—불이라는 구원메시지를 겪지 않게 하려고 결심하였고 그 결과 기독교를 지나치게 우리 방식에 맞게 교화시켜 버렸다.

성경은 구원에 대하여 아주 많은 이미지들을 사용하고 있다. 자유눅4:18, 의로운 삶눅18:18-23, 용서행2:38, 치유벧전2:24 그리고 새로 태어남요3:3 등이 그 예들이다. 그러나 나 자신의 구원 경험을 설명하는 여러 이미지들 중 최고의 이야기는 소경이 눈을 뜨게 된요9장 사건과 어떻게 우리들의 삶에 그리고 이 세상에 그리스도께서 현존하시는지를 볼 수 있도록 나의 눈이 점차로 열린 사건이다.눅24:31

다음 장에서 우리는 하나님께서 창조하실 때 의도하셨던 인간성과 세상의 회복으로써 구원이 갖는 신학적인 의미에 대하여 다루게 될 것이다.

11. 구원 2: 예수는 나의 죄를 위해서 죽었는가?

"구원 – 야쉬 시멘스$^{Yasch\ Siemens}$냐 혹은 조지 브렁크$^{George\ Brunk}$냐?" 하는 것이 지난 장에서 내가 구원을 양자택일이라는 틀 안에서 설명한 방법이었다.

야쉬 시멘스는 구원에 대하여 쉽게 이야기하려 하지 않고, 구원의 확신이 스스로 드러나도록 내버려 두었다. 사람들이 공동체 안에서 자신의 위치를 서서히 발견하며, 그러면서 구원을 받는 것이 최선의 방법이다. 하나님께서 남은 사람들을 돌보실 것이라는 것이 그의 구원에 대한 개념이다. 그러나 조지 브렁크에게 구원이란 자신의 죄성을 인정하고, 죄를 용서받기 위해 예수 그리스도를 믿는 믿음으로 돌아서며, 새로운 삶을 살기로 회심하는 모든 것을 포함한 의식적인 선택을 의미한다. 그의 구원은 일상적인 삶에 있어서 아주 극적인 변화가 일어나는 것을 말하며, 적어도 새로운 삶과 확신이 있어야 한다.

내가 구원의 방법으로 동등하게 제안한 이 두 가지 방식에 대한 비판적 지적이 하나 있었다. 사실 나는 어느 한 가지가 옳고 다른 한 가지는 틀렸다고 말하지 않았다. 그러기에 서로 배타적이어야 한다고 말하지도 않았다. 나의 종교적인 민감성은 이 두 가지 측면의 영향을 모두 받으며 형성되었기 때문이다.

그러나 구원에 대한 나의 견해를 가장 잘 반영해 주는 성경적인 비유는 점차적으로 시력을 갖게 되는 요한복음 9장의 소경에 대한 비유이다. 해방, 용서, 치유 등과 같은 다른 성경적인 모든 비유는 인간적인 주제에 초점을 맞춘 것이다. 그러나 "시력을 갖게 된다"는 이미지는 우리 자신을 넘어선 어떤 것을 봐야 한다는 의미이다. 우리 자신이 전부가 아니다. 이 이미지는 우리 자신을 넘어 우리의 부분인 우주에 이르는 그 어떤 것으로서 믿음을 보아야 한다. 구원은 조명이다. 이미 하나님이 우리의 삶 속에서 그리고 세계 속에서 행하시고 계신 그 무엇을 보도록 우리의 눈을 열어주는 조명이다.

하나님께서 행하시는 그 일이란 무엇인가? 보이는 것과 보이지 않는 것, 하늘, 땅과 식물들, 달과 별들, 새들과 물고기들, 동물과 사람 등 타락한 창조세계를 회복하는 것이 바로 그것이다.

창세기 1장은 타락하기 이전의 세상을 설명하며 일치가 어떤 것인지 우리에게 잘 보여준다. 모든 것이 같지 않고, 평등하지 않았지만, 거기에는 조화가 있었고 모든 피조물은 서로 연결되어 있었다. 창세기 3장은 타락으로 말미암아 생긴 분리혹은 반목에 대한 최상의 설명이다. 이 타락모든 인간이 범죄한다는 것을 말한다은 우주적인 결과를 초래하였다: 인간과 신아담과 이브가 하나님의 낯을 피함과의 관계, 사람과 사람들아담이 이브를 다스리게 됨과의 관계, 사람과 동물들이브가 뱀을 비난함과의 관계, 사람과 자연가시와 엉겅퀴가 사람들의 노력을 좌절하게 함과의 관계, 자연과 자연^{땅이} 저주를 받음과의 관계를 멀어지게 만들었다.

구원과 관련된 있는 일종의 용어들^{구속 redemption, 회심 regeneration, 칭의 justification, 성화 sanctification}은 모든 것의 근원이 되시는 하나님과 더불어 총체적으로 하나가 되는 원래의 비전으로 세상을 회복시키는 것과 관련되어 있다.

선악을 알게 하는 나무의 열매를 먹는다는 것은 신비에 속한 절대적인 지식, 전체를 이루는 일부분에 대한 절대적인 지식^{이단의 정의}을 소유하고자 너무나 많은 것을 원하고 있는 인간의 모습을 표현하는 말이다. 생명나무의 열매를 먹는다는 것은 이러한 것에서의 회복을 표현하는 말이다. 하나님께서는 아담과 이브가 이 생명나무 열매를 먹지 못하도록 동산에서 내어 쫓으셨다. 회복은 인간을 처벌함에 의해서가 아니라 하나님에 의해 발의되는 것이다.

예수 그리스도는 기독교 공동체를 위한 생명나무가 되셨다. 피조물들을 위한 하나님의 회복에 대하여 가장 자주 언급되는 것은 예수께서 세상의 모든 죄를 위해 십자가에서 죽으셨다는 사실이다. 이것이 오늘을 사는 우리들에게 어떠한 의미가 있을까? 이 사실이 여전히 상징적인 힘을 갖고 있는가?

속죄를 위한 설명 중 대속의 이론^{substitutionary-satisfaction theory, 만족설}은 성경에 근거^{갈3:10~14}를 두고 있지만 11세기에 안셀름^{Anselm}에 의해 보다 체계적으로 정리가 되었다. 그 이론에는 의로우신 하나님을 거스른 우리 인간들이 지은 죄를 위해서 누군가가 처벌을 받거나 죽어야만 한다는 개념이

들어있다. 그의 설명에 의하면 하나님께서는 우리의 죄를 대신해서 죽도록 그의 아들을 보내셨고 이것으로 하나님의 진노를 달랬다는 것이다. 이러한 설명은 하나님의 법에 불순종한 것으로써 죄를 법적인 관점으로 본 것이다. 즉 이러한 인간의 불순종죄은 하나님의 심판법정에서 다루어져야 했다.

다른 설명은 종종 도덕적 영향력 이론moral influence theory이라 불리는 12세기 아벨라드Abelard에 의해 정리된 관계적인 모델이다.요3:16,고후5:14~19에 나타나 있다. 이 설명에 따르면 그리스도의 십자가 죽음은 하나님의 진노를 달래기 위한 것이 아니라, 세상을 위한 하나님의 화해와 사랑 때문이다. 이 모델은 죄를 관계의 깨짐으로 보는 관점이다.

세 번째 모델은 그리스도의 죽음과 부활이 악의 세력을 극복한 선의 우주적인 승리를 나타내고 있다는 좀 더 오래된 크리스터스 빅터 모델Christus Victor model이다.골2:15,20; 히2:14~15 이 이론의 현대적인 해석은 그리스도의 죽음과 부활을 역사적으로, 정치적으로 이해하고 있다. 즉 그리스도께서 정치적 압박과 압제의 구조에서 사람들을 해방시키셨다고 보는 것이다.

이러한 세 가지 모델들은 모두 성경적인 근거를 갖고 있으나 법적 대속의 모델은 우리들이 받아들이기에 가장 어려운 모델이 되고 있다. 하나님을 복수심이 강한 살인자나 몇몇 여성 해방론자들이 주장하는 "신적인 아동 학대자"로 만들지 않고도 우리들의 죄를 위해 죽은 예수에 대하여 이야기 할 수 있을까?

물론 우리는 그렇게 할 수 있다. 그러나 만약 우리가 예수를 두 번째 서열의 신이거나 혹은 하나님보다 못한 존재로써 하나님에 의해 희생된 것으로 여기지 않고는 그렇게 할 수 없다. 이러한 것은 다신주의이다. 대속 모델은 우리의 죄를 대속하기 위해 자신을 죽이는 하나님으로써 십자가 위의 그리스도를 이해할 때만 의미가 있다.

이것은 신의 고통을 통한 세상의 부활이다. 그러나 이것은 단지 하나님의 한쪽 측면만을 보는 것이다. 삼위일체의 하나님이 중요한 것은 하나님께서 사랑과 심판을 포함한 여러 가지 모습을 동시에 갖고 계심을 보여주기 때문이다. 대속의 언어가 갖는 장점은 그것이 죄와 악의 세력을 진지하게 다루고 있다는 것이다. 이러한 언어 뒤에는 우리가 우리 스스로를 구원하거나 용서할 수 없다는 신념이 자리하고 있다.

엘리 위젤Elie Wiesel은 함께 수감되어 있던 세 명의 동료가 목매달아 죽임을 당하는 것을 지켜보도록 강요받았던 아우스비츠Auschwitz 수용소에서 있었던 유대인들에 대한 내용들을 자세히 기록해 놓았다. 한 어린 소년이 나이 많은 두 명의 사람들 보다 더 오래 고통을 받았는데 그의 몸무게가 어른들에 비해 덜 나가기 때문이었다. 이를 지켜보던 한 사람이 "여호와 하나님은 지금 어디 계신가?"하고 외쳤다.

그러자 이를 지켜보던 한 감옥수가 "저기, 저 교수대 위에 달려계신다"라고 외쳤다. 그리스도 안에서 하나님은 세상을 위해서 그리고 세상과 함께 고통을 당하셨다. 그렇게 세상을 회복시키시려고. 그렇다면 어떻게 이러한 회복이 우리의 깨어진 세상에서 일어날까 하는 것이 다음 장에서 다룰 제목이다.

12. 성화: 사람들이 나이를 먹으면 더 나아지는가?

캐나다의 시인이자 가수인 레오나드 코헨Leonard Cohen은 그가 쓴 노래를 통해 완전하지 못한 인간의 모습을 다음과 같이 슬퍼하였다. "새들은 하루의 시작을 위해서 노래하고 / 나는 다시 시작하라는 그들의 말을 듣고 있네 / 지나간 그 무엇이라든가 아직 있지 않은 그 무엇에 신경 쓰지 말게." 노래의 후렴구는 다음과 같이 흐른다. "종소리를 울려라 들릴 때까지 / 잊어버려라 너의 완벽한 헌신까지도 / 모든 것에는 결점이 있나니 / 그곳이 빛이 새어 들어 오는 곳이라네."

사람이 나이를 먹으면 더 지혜로워지거나 더 관대해지거나 더 영적이 되는보다 더 하나님과 다른 사람을 사랑하는 것이 아니라는 깨달음은 우리에게 상당한 환멸감을 갖게 한다. 위대한 일을 성취하거나 직업적으로 훌륭하거나 영적으로 완벽해지려는 사람의 환상은 육적으로, 정신적으로 약해질 때 완전히 부서진다.

내가 만난 어떤 사람들은 나이를 먹어 가면서 자신의 영적 존귀함과 우아함을 발전시켜 간다. 그러나 비록 긴 인생에 걸쳐 기도를 통해 혹은 성경 읽기를 통해 영적인 훈련을 쌓고 있음에도 아주 많은 사람이 이전보다도 더 많은 '치명적인 죄들'에 의해 괴로워한다. 이들이 싸우는 치명적인 일곱 가지 죄들은 교만, 탐심, 시기, 정욕, 폭식, 분노 그리고 게으름이다.

그러면 '성화'라는 신학적 교리는 도대체 무엇인가? 그 단어는 성령의 사역을 통해 한 사람의 삶이 거룩하게 성장할 수 있다는 가능성을 의미한다. '거듭남'은 바로 이 성화를 가능하게 하는 성령을 통한 성품의 변화이다. 성화는 매일의 생활이 그리스도처럼 되어가는 과정이다. 성령의 열매들이 명확해지며 삶의 덕을 겸비하게 하는 과정이다. '기본적인 덕'이란 정의, 배려, 절제, 인내 및 믿음, 소망과 자비의 신학적인 덕에서 우러나오는 것들이다.

최근 몇 년 동안 아나뱁티스트 내에서 '성품 형성'을 주제로 수많은 대화가 이루어졌다. 영성 및 영적 성장에 대한 훈련들 고백의 대상과 안내자로 활동하는 영적 스승들과 더불어 행하는이 일반화되었다. 이러한 것들은 우리들로 하여금 가톨릭의 풍부한 유산을 회복하도록 돕고 있다. 가톨릭과 아나뱁티스트들이 영성에 대해 공동의 관심을 기울이고 있다. 이들은 각각의 교회가 처한 상황 속에서 하나님께서 보시기에 의롭게 되는 은혜와 구원의 과정으로서 성화에 이르는 은혜를 강조하고 있다.

반대로 루터와 같은 16세기 개혁가들 중 몇몇 사람들은 믿음과 은혜로 말미암은 의에 특별한 관심을 보인 반면 성화에는 거의 관심을 쏟지 않았다. 이러한 것에 대해 아나뱁티스트들과 루터교 신자들 간에는 상당한 견해차를 보이고 있다.

18세기 경건주의자들에 의해 성화에 대한 강한 관심이 생겨난 것과 루터교도들 간에 정직한 삶에 대한 관심이 일어난 것은 아주 흥미로운 일이다. 성령운동과 오순절 전통 내에 두 가지 혹은 세 가지 은혜칭의, 성화, 방언의 사역은 믿음을 시험하는 중요한 항목이 되었다.

제자로 부름 받은 메노나이트들은 성화거룩한 삶를 진지하게 생각하는 여러 전통들과 많은 공통점을 갖고 있다. 아나뱁티스트 운동과 관련된 글들은 성령에 의해 거듭나야 함과 매일의 생활에서 그리스도의 본성을 따라 살아야 함을 지속적으로 강조하고 있다. 이러한 것은 '흠이 없고 순전한 교회'라는 메노나이트의 교회에 대한 관점을 그대로 함축하고 있다. 교회에 대한 이러한 교리는 완벽주의를 추구하는 경향으로 나타나기도 하였고, 때로는 아주 파괴적인 결과들을 초래하기도 하였는데 이에 대한 구체적인 내용은 다음 장에서 살펴볼 것이다. 실제 삶 속에서 교회는 이러한 이상에 충분히 도달하지 못했다.

비록 지금 성화에 관련된 많은 것을 말하고 있지만 문제는 내가 거룩함을 올바로 인지하고 있는지 그리고 그것을 올바로 보고 있는지 확실치 않다는 것이다. 누가 성화에 이르고 있고 누가 이르지 못하는지를 결정하는 쉬운 범주는 없다. 내가 아주 영성이 있다고 여기는 사람들은 가장 "멋지거나" 아니면 가장 "영적인" 사람들이라기보다는, 종종 환영받지 못하는 인물들이라는 사실을 나는 알고 있다. 이들은 그 자신들의 부족한 모습에도 불구하고 다른 사람들을 위해 신령한 은혜의 수단이 되고자 하는 사람들이다.

메노나이트로서 나는 루터를 읽음으로 자유함을 느끼며, 그가 그렇게 유명해진 것이 '담대하게 사는' 경험에 근거하고 있음을 알게 되었다. '은혜를 더 얻기 위해 죄를 더 짓는 것'이 아니라 '은혜를 더 얻기 위해 담대하게 사는 것'이 우리의 구호가 되어야 할 것이다. 담대하게 사는 것은 하나님의 은혜와 용서로 죄에 사로 잡혀 있는 사람을 얻는 것이다.

나이를 먹으면서 우리는 종종 우리는 성화되는 삶에 대해 생각하기 보다는 억제력을 잃고, 우리의 주장을 따라 살며, 우리의 생각을 따라 산다. 성화의 교리는 고귀한 가르침으로 우리로 하여금 고귀한 덕을 따르며 살도록 박차를 가한다. 거룩함은 너무 완고하게 정의되어 우리에게 무거움을 더해 주는 짐이 되거나 겉만 번지르르한 독실한 신자인 체 하는 것이 될 수도 있다.

그러나 하나님께서는 이러한 불완전한 인간들조차 사랑하신다는 사실은 너무나 명확하지 않은가? 우리에게 성화란 고통스러운 인간적 노력과 성취에 의한 것이 아니다. 그것은 순간적인 친밀함의 연속으로써 매일의 삶과 평범한 경험을 통해 발견되는 하나님의 신령한 은혜이다.

"모든 것에는 결점이 있다. 그러나 그곳이 바로 빛이 새어 들어 오는 곳이다."

13. 교회(1): 흠도 점도 없는 교회

메노나이트 시인, 패트릭 프리즌Patrick Friesen은 독립성이 강하고 아주 완고한 농부였던 피터가 교회의 징계회피로 추방당하게 되었던 일에 대한 이야기를 우리에게 들려주었다. 피터의 죄는 교만과 교회 지도자들의 뜻을 거스른 것이었다. 이야기의 끝 부분에서 피터는 그의 공동체로부터 완전히 격리된다. 그를 끔찍이 사랑하는 아내까지도 그와 함께 할 수 없도록 아주 혹독한 명령들이 주어진다. 결국 그는 자살을 시도하였다.

프리즌은 단순히 피터와 그의 가족에 대한 연민뿐 아니라, 교회에 대해 연민을 갖고 이야기를 서술하였다. 그는 공동의 선이 개인의 자유 보다 우선되도록 엄격히 통제되는 기독교 공동체에서 일어난 일을 아주 강력한 필치로 그려냈다. 공동체의 위험은 이 공동체의 관리인들이 에베소서 5장 27절의 "자기 앞에 영광스런 교회로 세우사 티나 주름이 잡힌 것이나 이런 것들이 없이 거룩하고 흠이 없게 하심이니라"는 완전주의를 표방하는 그들의 표어를 유지하고자 하였을 때 더욱 심각하게 나타났다.

나의 할아버지의 이름도 피터였는데, 그 또한 자신의 입장을 이야기할 기회조차 얻지 못한 가운데, 엄격한 공동체의 처우로 인해 고통을 받았다.

약 10년 동안의 목회 후, 나의 할아버지께서는 교리적 이유로 해직되었고 공동체로부터 추방을 당하였는데 이는 그의 개인적인 갈등과도 관련이 있었다. 1970년대 중반에 나는 마니토바 주 남부에서 성장한 그의 삶과 청소년 사역을 위한 혁신적인 접근, 그의 목회 기간에 일어났던 일들 그리고 교회 지도자들과 어려움을 겪게 된 이야기를 녹음기에 담았다.

여러 번 화해를 시도하였지만, 화해는 성공적이지 않았다. 비록 그의 어떤 신학적 관점들에는 동의할 수 없었지만, 그의 슬픈 사연을 듣는 동안 할아버지를 향한 나의 존경심은 점점 더 커져갔다. 이 사건을 통해 나는 다른 사람들의 의견 및 신념의 다양성을 존중하고 받아들이는 것이 몇몇 메노나이트 세대들에게 얼마나 어려운 일인가를 새삼 깨닫게 되었다.

우리 아나뱁티스트의 선조들이 각 시대에서 종교의 자유를 강조하였던 거의 최초의 사람들이었다는 것을 생각할 때 이러한 일은 아주 뜻밖의 일이 아닐 수 없다. 그들은 외부로부터 관용을 기대했지만 그들 자신의 회원들 내에서 일어나는 다양성에는 관용을 보이지 못했다. 4세기와 15세기에 있었던 어거스티니안들Augustinians과 도나티스트들Donatists사이의 논쟁을 고려한다면 아나뱁티즘은 "이단적인" 도나티스트들에게 더 가깝다고 할 수 있다. 도나티스트들은 순수하고, 타협하지 않는 교회, 박해 속에서 신앙을 포기하는 배교자를 인정하지 않는 강직한 사람들이었다.

이러한 교회에 대한 확고한 견해는 메노나이트들에게 다른 그룹들보다도 더 쉽게 분리되는 결과를 가져다주었다. 거룩한 삶성화을 강조하는데 지불해야 했던 값은 분열이었다. 이는 독일 메노나이트 신학자들이 이야기하는 바대로, 의은혜를 강조하는 것이 연합을 가져오는 반면, 성화를 강조하는 것은 분열을 낳았다.

이것이 엄격한 규율과 완벽주의자들의 이상을 통해 유지될 수 있었던 박해받은 소수 그룹인 우리 메노나이트가 갖고 있는 유산이다. 그러나 이러한 것은 이제 더 이상 현재 우리의 실제적인 모습이 아니다. 이미 우리는 이러한 측면의 순결함을 잃어가고 있다. 우리는 세속적인 것이 우리들 안에 들어와 있음을 느끼고 있다. 그러면 역사적으로 이어져 내려온 제자도에 대한 우리의 비전을 포기해야만 하는가?

1994년, 나는 1683년에 지어진 가장 오래된 메노나이트 교회 중의 하나인 네델란드, 하렘Haarlem에 있는 유나이티트 메노나이트 교회의 의자에 앉아 있었다. 흠과 티가 없는 가시적인 교회에 대한 아나뱁티스트–메노나이트의 비전이 처음 형성된 바로 그 장소였다.

그리스도의 성육신이 마리아의 육체를 통하지 않고 이루어졌다는 견해는 메노 시몬스Menno Simons에게 의심스런 교리에 불과했다. 예수는 마리아를 통해 태어났지만, 마리아의 인간성에 의해서는 아무런 영향을 받지 않았다. 메노는 이것을 그리스도의 '천상적 육체'라고 불렀다. 17세기에 독일 메노나이트들 중 부유하고 사회에 융화된 많은 사람들이 이러한 이상적인 순수한 교회를 포기하였다. 그들의 융화된 모습은 1994년 『순교자로부터 머피에 이르기까지』라는 제목으로 출판이 된 책에 잘 기록되어 있다.

대부분의 북미 메노나이트 교회들은 최근 몇 세기 동안 독일 메노나이트들의 예를 따라가고 있다. 그들은 신앙과 행동에 있어서 개인적 자유가 다른 공동체적 윤리보다 우선하여야 한다는 교회의 자유주의적 견해를 선택하고 있다. 그러면 개인적 자유라는 바로 그 개념은 환상이 아닌가? 우리 시대가 결정하는 사회적 통제라는 새로운 형태를 단순히 따라가는 것은 아닌가? 우리는 추방 및 징계라는 우리의 전통에 존재하던 일단의 귀신을 몰아내고 또 다른 귀신으로 이를 대체하는 것일지도 모른다.

새 천년을 맞이하는 메노나이트로서 우리는 교회의 교리를 다시금 점검할 필요가 있다. 개인적 자유와 공동체의 연합, 다양성과 고차원적인 윤리 기준, 우리의 타락을 인정하는 의와 거룩함을 좇는 성화에 이르는 창조적인 긴장을 모두 담아내는 교회론을 개발할 수는 없는 것일까?

14. 교회(2): 메노나이트와 다른 정통들

내가 알고 있는 바, 교회에 나오려는 젊은 사람들에게 가장 부담이 되는 질문은 우리가 믿고 있는 것이 '올바른' 종교인지 아닌지 어떻게 그들이 확신할 수 있을까 하는 질문이다. 청소년들은 종교 그룹들 간에 싸우고, 기능주의에 젖어있고, 인내하지 못하는 것에 대해 어른들 보다 훨씬 비판적이다. 그러나 그것이 어디에 있든 진리가 있다면 이를 찾고자 하는데도 매우 적극적이다.

기독교 신앙고백들 중 가장 폭 넓게 받아들여지는 것은 사도신경이다. 종교개혁 당시, 다른 개신교 그룹들과 같이 아나뱁티스트들도 이 신앙고백을 이용하였다. 사도신경은 성부, 성자, 성령 세 부분으로 구성되어 있고, 이것은 다시 열두 개의 조항으로 나누어진다.

이 신조들 중 한 부분은 "성령을 믿사오며, 거룩한 공회와 성도가 서로 교통하는 것…"에 대하여 언급하고 있다. '거룩한 공회'가 서로 교통한다는 것은 무슨 의미인가? 여기서 거룩한 공회holy catholic church는 로마 가톨릭과 동일시되는 것으로 실제 그것은 "보편적인"이란 의미이다. 메노나이트들은 이 보편적인catholic 교회의 부분이다. 이것은 기독교 전통의 다른 지체들에게서 교회를 분리시키는 행위를 너무나 자주 저질러왔다는 중요한 자각에서 일어난 고백이다.

교회의 개념은 언약이라는 구약의 개념에 그 뿌리를 두고 있다. 바벨탑 이야기창11는 한 가지 언어를 사용하던 모든 사람들로 시작해서, 인간의 교만으로 수많은 그룹과 언어로 혼잡해지는 세상으로 끝이 난다. 히브리 사람들에게 이 이야기는 '허다한 민족'창17을 이루기 위한 하나님의 축복구원, 화해 이야기이며 이스라엘이라는 특별한 그룹과 언약을 맺는 이야기이다. 그것은 이방우상들과 협소한 국가주의로 퇴행하는 다채로운 이야기이기도 하다.

성경에는 낯선 사람에게 친절을 보이는 것과 부족주의를 넘어서는 룻기와 같은 기록들도 존재한다. 소수 유대인들, 특히 선지자들은 평화, 정의 그리고 화해를 가져오는 메시아의 시대에 대한 보다 우주적인 비전을 생생하게 그려주기도 한다.

1세기의 유대 그리스도인들은 유대인이나 헬라인이나 종이나 자유자나 남자나 여자나 할 것 없이갈3:28 예수가 그리스도메시아 되심과 우주적인 하나님의 나라를 이루시는 분으로 고백하였다. 이 유대 그리스도인 공동체 안에 그리고 그리스도인과 유대인들 사이에 존재하였던 주된 갈등은 그리스도 안에서 유대적 유산의 본질을 어떻게 다루는가 하는 것이었다.행10, 15

오순절을 기점으로 시작된행2 신약 교회의 탄생은 바벨탑 사건을 거꾸로 되돌려 놓은 사건이다. 여기서 각 나라의 사람들은 자신들의 언어로 이야기 했지만 서로를 이해할 수 있었다. 여기에서 서로 다른 것을 포기하지 않으면서도 기적적인 화해와 상호이해가 일어났다. 이것은 성령의 사역이었다. 구약과 신약 전체에 걸쳐 나타나는 성령의 기본적인 특징은 수많은 그룹들의 다양성이 파괴되지 않는 가운데서 일치를 창조하는 것이었다. 독특한 기능을 하는 많은 지체들이 성령을 통해 한 몸이 되는 교회는 바울에게 아주 중요한 것이 되었다.고전12

일치로의 부르심과 다양성을 존중하는 것 사이에 생겨나는 긴장은 전체 역사에 걸쳐 존재했던 교회의 육체적 가시였다. 거기에는 불일치의 목소리를 억제하도록 하는 시도와 강압적인 일치를 촉구하는 시도, 혹은 화해할 수 없는 마찰들로 갈라서야 한다는 유혹이 항상 존재해 왔다.

예수의 제자들은 하찮은 일로 다투는 것, 사소한 시기심들, 부정, 배반 그리고 우위를 차지하려는 노력들을 극복하지 못했다. 예루살렘에서 있었던 첫 번째 공회행15는 율법주의자들과 비율법주의자들, 배타적인 삶들과 포용적인 삶에 대한 갈등으로 초대 기독교인들이 나뉘어져 있음을 보여주고 있다. 뜨거운 토론과 성령님의 인도하심이 있은 후에야, 그들은 어떤 동의안을 마련할 수 있었다.

중세시대에는 아주 사소한 부분에 있어서 가톨릭을 반대하였던 그리스 정교와의 분쟁이 드러났다. 종교개혁 이후에 이러한 것은 가톨릭, 앵글리칸, 개혁주의, 루터교 그리고 아나뱁티스트들 모두가 서로를 반대하는 모습으로 드러나기도 했다. 지금도 밝혀지지 않은 그룹들이 자신들만이 진리를 소유하고 있다고 주장하고 있다. 캐나다에 있는 메노나이트들만 해도 25개 혹은 보다 더 많은 다른 그룹들로 나뉘어져 있다.

성령이 충만한 교회는 세상 속에서 그리스도의 존재와 사역이 지속적으로 드러나도록 올바르게 말하는 교회여야 한다. 에베소서 4장에서 바울이 설명하는 바와 같이 교회는 멀리 있거나 나뉘어져 있거나 이방인이나 객이나 약속의 언약으로 부름을 받은 모든 사람들이 '하나님의 권속'으로 한 성령 안에서 하나님께 공평히 나아가도록 창조되었다.

메노나이트로서 우리는 이러한 것이 다른 메노나이트들, 다른 그리스도인 그리고 다른 종교를 가진 사람들과의 관계에서 어떠한 의미가 있는지 진지하게 숙고해볼 필요가 있다. 어떻게 우리 자신의 신실함과 신앙을 확신하면서 다른 그룹들의 증거에 대해 열린 자세를 가질 수 있을까? 동방정교의 그리스도인들이 갖고 있는 신비한 영성의 관점, 가톨릭의 일치와 성례전, 앵글리칸들의 예배와 의식, 루터교의 은혜, 개혁교회의 하나님의 모든 창조물 위에 끼쳐지는 주권 그리고 오순절의 성령에 대한 어떤 면들은 분명히 우리에게 많은 것을 가르쳐 줄 수 있을 것이다.

제자도, 평화, 공동체에 대한 우리의 역사적 강조점 또한 그 자체로 온전한 복음이 아니라고 인정하면서 다른 사람들과 함께 나눌 수 있는 우리의 증거를 함께 나눌 필요가 있다.

15. 성례전: 하나님께서는 물질세계를 통해 우리에게 오시는가?

'성례전'이란 용어를 한 번도 들어보지 못했음에도, 버그탈러 메노나이트 교회에서 경험한 세례와 성찬은 나에게 의미 있는 성례전으로 다가왔다. 하나님의 은혜가 사물, 사람 그리고 사건들을 통해 내게 새롭게 다가왔고 그 은혜는 지속되었다.

성찬식에서 달콤한 포도주를 마시기 바로 전, 사람들은 그 의식을 매우 존중하는 듯 서로를 바라보며 고개를 끄덕인 후 그리스도의 몸에 대한 깊은 의미를 생각하며 깨끗한 흰 손수건에 싸여 있던 공동의 빵을 정중하게 떼어내던 것을 기억한다. 언젠가 교회의 집사였던 아버지가 포도주를 사서 우리 집 지하실에 저장해 놓으시는 것과, 토요일 어머니께서 교회의 여성도들과 함께 성찬을 위한 빵을 굽는 것을 보게 되면서 그 신비감은 점차 줄어들었다.

그러나 그 포도주와 빵은 일단 목회자에 의해 성스럽게 구별되면서 상징적인 힘을 갖게 되었다. 몇몇 기독교 그룹들과는 달리 메노나이트들에게 이러한 빵과 포도주는 그리스도의 실제적인 몸과 피가 아니라 그리스도께서 우리를 위해 하신 일을 기억하기 위한 상징이다. 사실 성찬식이 예수 그리스도의 모범을 따르도록 우리를 도전하기 위함이라는 사실을 내가 알게 된 것은 그 일이 있은 지 얼마 되지 않아서였다. 그러나 그 후로도 오랫동안 나는 이러한 성찬을 중시여기는 사람들이 옳을지도 모른다는 생각을 했다.

논쟁을 좋아하는 사람들은 성찬에 대한 논쟁에도 극성이었다. 빵과 포도주에 예수가 '실제적으로 현존'함을 부정한다는 이유로 많은 사람들이 이단자가 되어 화형을 당해야 했다. 얼마나 많은 성례전이 교회에 있어야 하는지둘, 셋 또는 일곱 가지 성례전, 어떻게 성례전을 집전해야 하는지 그리고 성례전의 효력이 이를 집전하는 사람의 완전함과 상관이 있는지 없는지 등에 대한 견해로 교회들이 분리되기도 하였다.

어떤 기독교 그룹들퀘이커, 구세군은 이러한 성례전을 완전히 거부하기도 한다. 메노나이트들은 성례전sacraments이라는 말 대신 예수에 의해 직접 제정된 '의식ordinances'의 의미를 강조하며 '의식ordinances'이라는 말을 더 즐겨 사용한다.

'성례전sacraments'라는 단어는 약 3세기경에 기독교 용어가 되었는데 원래 거룩하다라는 의미의 라틴어 *sager*와 신비라는 헬라어 *mysterion*이라는 단어가 합성된 것이다. 물질적인 의식이 거룩하고 신비한 힘을 가진 성례전으로 변하게 된 것이다. "받아 먹으라 이는 내 몸이니라… 너희가 다 이것을 마시라; 이것은 나의 피 곧 언약의 피로다"라는 말씀으로 예수는 최후의 만찬Last Supper 이라는 기독교 교회의 기본적인 예식을 정하셨다. 이것은 소위 애찬agape meal, 주의 만찬Lord's Supper 혹은 성찬eucharist으로 기념되었다.

중세 시대의 교회는 영세세례, 견진확신, 성체성찬, 고해고백, 신품성직식, 혼인결혼, 종부임종식이라는 일곱 가지 성례전을 시행하였다. 세례와 성찬은 메노나이트들에게도 중요한 예식으로 생각되며, 비록 위의 것과는 다르지만 때에 따라 신약이 일곱 개의 의식을 모두 가르치고 있다고 생각하기도 한다. 세례, 성찬, 세족식, 성스런 입맞춤, 관유, 기도 그리고 결혼.한 가지를 추가해서 여덟 가지를 이야기하기도 함: 안수

가톨릭, 루터교, 칼빈교 그리고 아나뱁티스트들 간에 셀 수 없는 공방이 생기기도 했다. 종교개혁기간 동안 이러한 성례전의 의미가 무엇인지를 놓고 수없는 논쟁이 일어났다. "이것은 나의 몸이니"라는 말을 문자적으로화체설,transubstantiation 해석하느냐, 역설적으로양체공존설,consubstantiation 해석하느냐, 비유적으로영적으로,spiritually 해석하느냐, 아니면 기념적으로이를 행하여 나를 기념하라,remembrance 해석하느냐에 관한 내용이었다. 마지막 기념식의 입장이 아나뱁티스트-메노나이트들의 관점이지만 성찬식의 요소들을 어떻게 해석하는가 하는 문제는 아주 복잡한 문제들임에 틀림없다. 메노나이트들은 특정한 사람들이 거룩한 위치와 권력으로 신적 은혜를 공식적으로 베푸는 전체 성직주의사제 전통을 매우 불편하게 여겼다.

어쨌든 '성례전'이 현재 우리에게도 중요한가? 하는 질문이 생기는데 이에 대한 대답은 그래도 '중요하다'는 것이다. 문제가 되는 것은 어떻게 우리가 하나님과 관계된 물질적인 세계감각의 세계를 볼 것인가 하는 점이다. 세상이 영으로 가득 차 있는 것황홀한 것으로 경험되었던 종교개혁 시대 이

래로 많은 것들이 반전되었다. 사실 중세시대 말에는 이미 수많은 거룩한 장소, 거룩한 물건, 거룩한 시간들 그리고 거룩한 사람들이 있었다.

그러나 근대로 접어들면서, 적어도 서구 문화에 있어서 자연은 신비롭지도 신령스럽지도 않은 존재가 되었다. 우리는 자연이 마치 우리의 목적들을 위해 사용되는 '죽은 물체'인양 다루고 있다. 자연은 우리가 그것을 통제하려고 할 때 종종 반란을 일으킨다. 예를 들자면 낯선 환경에 생겨난 새로운 생물들은 우리의 생태계를 끔찍하게 뒤집어 놓거나 우리의 세상을 위협한다. 실제로 자연은 하나님의 신적 은혜를 드러내는 매개물이 될 수 있다. 그러나 그리스도인들에게 자연은 결코 신적인 존재로 생각되지는 않는다.

다행스럽게도 자연에 대한 우리의 태도를 바꾸려는 새로운 갱신운동의 모습들이 많이 보인다. 따라서 지금은 메노나이트들이 '의식들ordinances'이라고 이해하는 것들을 재점검하기 좋은 때이다. 예배 공동체의 중심에 놓여있는 이러한 예식들을 보는 방법은 우리 주변의 물질계를 어떻게 이해할 것인지 그리고 단순히 말과 글이 아닌 물리적 감각을 통해 우리에게로 다가오는 신을 어떻게 믿을 수 있는지와 밀접한 관련이 있다.

16. 세례: 잊혀져가는 아주 오래된 입회식?

세례에 대한 나의 첫 번째 기억은 캐나다 브리티시 콜롬비아 주 야로우
Yarrow 지역의 한 딸기나무 밭에서였다. 그때 나는 열다섯 살이었고, 마니토
바주를 떠나 가족과 함께 딸기를 따며 여름휴가를 보내고 있던 중이었다.
그 농장 주인은 메노나이트 형제회Mennonite Brethren의 목사였는데 침례에 대
해 아주 대단한 열정을 가진 사람이었다. '관수세례자'였던 아버지는 세례
의 형식 그 자체가 중요하다는 사실을 인정하려 들지 않으셨다. 당시 그러
한 종류의 신학적 논쟁은 아주 골치 아픈 문젯거리가 되었었다.

최근까지는 젊은 사람들이 일정한 나이에 이르게 되면 당연히 세례를
받아야 한다고 생각했었다. 일종의 입회식으로 세례는 교회에 가입하는 행
위일 뿐만 아니라, 메노나이트 공동체에 가입하는 것을 의미했다. 세례는
종종 결혼을 위해 꼭 받아야 하는 것으로 여겨지기도 했다. 이는 삶의 중심
으로써의 교회와 전통적 메노나이트 공동체가 긴밀히 연결되어 있음을 보
여주는 것이다. 성인 세례는 일종의 통과의례로 교회에 의해 정의되는 한
공동체 내의 결혼과 가족생활의 자양분을 제공하였다.

그러나 대부분 우리는 더 이상 이러한 전제 하에서 살지 않는다. 이제

메노나이트 공동체가 더 이상 한 인종으로 구성되어있지도 않다. 어느 누구도 결혼이 교회와 관련된 '거룩한 성례'라고 생각하지도 않는다. 그 어느 때보다도 '유아 세례를 받은 사람들'과 '성인 세례를 받은 사람들' 사이의 명확한 선마저도 흐려져 가고 있다.

제도적 교회에서 성장한 수많은 도시의 젊은이들에게 세례에 대한 개념은 그 중요성조차 잃게 되었다. 최근에 떠오르는 이상한 질문 중의 하나는 교회에서조차 "세례를 안 받으면 안 되나요?"하는 것이었다.

오늘날 성공한 많은 메노나이트 직장인들은 교회에서 주변인으로 살고 있다. 그들은 아이들에게 교회에 가라는 말을 거의 하지 않으며, 세례 및 종교적인 선택도 스스로 하도록 방치하고 있는 실정이다. 제도 교회는 이러한 사람들에게 거의 도움이 되지 않는다. 그들에게 남은 의무란 아무 것도 없는 셈이다.

성인세례와 유아세례에 대한 16세기의 신념을 기반으로 행해진 신학적 논쟁은 이제 많은 사람들에게 시대착오적인 모습으로 여겨지고 있다. 그들에게 발타자르 휴브마이어Balthasar Hubmaier의 세 가지 유형의 세례성령, 물 그리고 불(순교)세례는 별로 중요하지 않다. 그들은 아마도 내가 있던 대학원 교수 중 한 분이 "컴퓨터들도 세례를 받아야만 한다"고 했던 것보다 더 우스꽝스러운 제의라야 관심을 보일 것이다.

이제 제도권 교회 내에서조차 혼란스러워하고 있으며, 종교를 선택하는 것과 세례는 자신 스스로 선택해야 한다는 지나친 저항들이 일어나고 있다. 사람들은 열린 마음, 관용, 비공식성과 명확한 선이 없어서 일어나는 자그마한 실수를 좋게 생각하며, 멤버십에 대해 너무 지나치게 엄격한 모습과 사람들을 강요하는 모습을 불편해 한다.

일전에 나는 내가 다니는 교회의 젊은이들에게 교리 공부시간이 있다는 것을 알리고 그들에게 세례를 받도록 하기 위해 열심히 노력한 적이 있었다. 그러나 교회의 한 노인이 이러한 인위적인 열심은 아나뱁티스트의 정신에서 나온 것이 아니라며 나를 책망하였다. 아나뱁티스트는 이러한 모습으로 사람들을 설득하지 않으며 그 사람을 설득하는 것조차도 성령께서 일하시도록 남겨두어야 한다고 말했다.

아나뱁티스트의 성인세례 및 자발적 선택에 대한 접근방법이 종교적 압력과 부담이라면 그 어떤 모습도 받아들이려 하지 않는 현대 문화와 똑같은 모습이라면, 우리가 무슨 결과를 기대하겠는가? 이렇게 한다면 세례를 통해 믿음을 고백하고 그리스도인이 되고자 심사숙고하는 젊은이들에게 기회조차 주지 못하는 모습이 되고 말 것이다.

그러면 세례를 완전히 포기해야만 하는가? 세례라는 것이 정말로 쓸데없는 신학만 고집하는 것이며, 더 이상 존재하지도 않는 공동체나 오래된 기관에 입교하는 통과의례에 불과한 것인가? 절대 그렇지 않다. 실제로 메노나이트 공동체는 세례를 신비로 생각하며 세례를 받는 그 순간을 가장 상서로운 순간으로 여긴다. 젊은 사람들이 신앙을 진지하게 생각하거나 책임 있는 성인이 되거나 어떤 종교적인 결정들을 제대로 해나갈 때, 세례는 메노나이트 교회 생활에 있어서 꼭 필요한 "성례"가 될 것이다.

나는 아주 중요한 종교적인 질문들을 갖고 교회의 이러한 의식들에 대하여 적극적인 태도를 취하는 많은 젊은이들을 만난다. 그러므로 교회가 다른 전통이라든가 현대 문화가 가져오는 어려운 도전들 때문에 세례에 대하여 이야기 하기를 꺼리거나 두려워하지 말아야 한다. 세례를 통해 영적인 능력을 경험하고, 죄 용서를 맛보고, 도덕적인 문제를 직면하는 진지한 사람들이 존재하기 때문이다.

그러므로 세례는 시체를 담는 관에 마지막 못질을 하는 것 혹은 최종적인 선을 긋는 멜로드라마의 교차점이 아니라, 길을 따라 가도록 그려져 있는 안내 표시이다. 세례는 신앙 여정에 있는 사람들이 다른 이들과 함께 여행을 하기 위해 받아들여야 하는 신중한 선택이어야 한다.

17. 기도: 우리를 통해 말씀하시는 하나님

　기도를 해야 한다면 쉽게 하라! 그러나 우리는 바쁜 신에게서 한 가지만이라도 더 얻으려 비굴하게 간청하는 태도로 "주여 주시옵소서"와 같은 일상적인 공식에 빠져든다.

　예배, 기도, 봉헌 그리고 다른 종류의 경건 생활들은 종교적인 삶에 있어서 없어서는 안 되는 중요한 것들이며 다음 장의 주제인 사랑과 제자도에 있어서도 기본이 되는 것들이다. 그러면 이러한 것과 더불어 우리가 기도에 대해 무엇을 어떻게 이야기할 수 있을까? 기도를 하다보면 아주 중요한 것은 대부분 지나치면서 허무하고, 수사학적이고, 자기 방종적이고, 미신적거나 하나님을 조정하려 하려 드는 내용이 더 많다.

　우리들 중 많은 사람들은 매일 성경 읽기와 묵상을 잘하는 가정에서 자라났고 개인적으로 묵상을 해야 한다고 배웠다. 어렸을 적에 나는 부지런히 성경을 읽었고 캠프를 위해서 성경의 많은 부분을 암기하였고, 아주 길게 기도하거나 종종 세상에서 오는 소리와 보는 것을 피해 기도하려고 담요 아래로 들어가거나, 종종 무릎에 머리를 박고 기도하다 잠에 빠져들기도 하였다. 나에게는 선교사들을 위한 기도, 가족, 사촌 그리고 여전히 "구원 받지 못한" 사람들을 위한 아주 긴 기도 제목들이 있었다.

사실상 성경은 다양한 형태의 기도를 우리에게 보여주고 있다: 탄원과 구원을 위한 기도시43편, 하나님과 흔들림 없이 싸우는 기도창32:28, 절망과 멸시의 상태에서 하는 기도욥7, 나를 못살게 구는 사람들을 위한 기도눅6:28, 가난한 사람들을 위한 기도고전1:9, 기적적인 치유를 위한 기도행9:40, 전쟁에서 승리하기를 위한 기도, 물질적 필요들, 고백, 감사의 기도 등. 물론 모든 기도의 원형은 마태복음 6장 9~13절에 있는 '주의 기도'이다.

사도 바울은 고린도전서 14장 15절에서 아주 흥미 있는 지적을 하였다. "내가 영으로 기도하고 또 마음으로 기도하며…" 우리는 기도할 때 감정뿐만 아니라 우리의 지능을 사용한다. 더 나아가 가장 깊은 의미의 기도란 하나님의 지혜와 지식을 구하는 것이다.

고대의 기도들을 보면 그 기도의 이면에 아주 인격적이고 능력 많은 신의 실존에 대한 확신이 자리하고 있음을 볼 수 있다. 이들이 기도하는 대상은 모든 것들을 통제하고 그들이 분변하고 따라야만 하는 실존이었다. 우리는 이러한 높은 차원의 실존에 대해 상호책임을 져야 한다. 더 나아가 기도는 하나님께서 이 세상에서 행하시고자 하는 일들을 특별하게 만드는 것이어야 한다.

어린 아이같이 간구하는 기도는 매우 중요하며 성경적이다. 그러나 이러한 간구의 기도는 너무나 쉽게 방종에 빠진다. 기도는 종종 그룹 치료의 형태로 변형되기도 한다. 우리는 기도가 단순히 "하나님의 팔을 움직이게" 할 뿐만 아니라, 무엇인가 긍정적으로 일을 할 수 있게 하는데 효과적이라는 믿음을 갖고 우리 자신과 다른 사람들을 위해 기도한다. 그런데 이러한 믿음의 기도에서 종종 미신적인 기도로 되돌아가는 사람들도 있다. 기도에 냉소적이었던 나의 친구가 회의에 참석하기 위해 비행기를 타고 가던 중 "이 비행기가 추락하지 않도록 해주세요"라고 기도한 것은 그와 같은 예라고 할 수 있다.

그러면 어떻게 기도해야 하는가? 정확하게 말하자면 기도란 우리가 이해하는 하나님의 모습과 어떻게 관련 되어 있다. 한 가지 유혹은 하나님을 완전히 객관적인 존재로 그리고 멀리 있는 존재로 생각한다는 것이다. 이 한 것은 마치 하나님을 머리를 조아리고 만나야 하는 하늘의 아버지로 그리고 아주 작은 것까지도 일일이 상의해야 하는 존재로 여겨 책임과 품위에 대한 우리의 감각까지도 포기하는 경우가 많다. 또 다른 유혹은 우리가 하나님을 완전히 주관적인 존재로 생각하는 것이다. 그래서 기도를 우리 마음에서 점화된 성령의 불꽃에 우리 자신의 욕망을 투사하는 것으로 생각한다.

우리는 대부분이 기술과학 용어로 정의되고 있는 시대에 살고 있다. 효율성이라는 최고의 가치 아래 기도도 기술적으로 해야 한다고 이해하고 있다. 과학시대에 살고 있는 우리는 어떻게 기도를 해야 할까? 다시 말해 과학적이지 않은 방법으로 신에게 어떻게 우리 자신을 열어 보일 수 있을까? 행동하는 사람이 되는 것보다 듣고 받아들이는 사람이 되는 것은 무엇일까?

사람들은 하나님께 기도를 하는 것인지 아니면 예수님에게 기도를 하는 것인지 아니면 성령님께 기도를 하는 것인지 종종 혼동하기도 한다. 기도는 세 가지 측면에서 하나님과 연합하는 일이다.

1. 기도를 함으로 우리는 신의 신비, 즉 우리 자신 너머에 존재하시는 하나님의 신비를 묵상할 수 있다.
2. 우리는 그리스도 사건이 우리에게 드러나게 함으로 이 신비를 묵상할 수 있다.
3. 우리는 하나님의 성령과 우리의 영이 만나게 함으로 이러한 신적 존재와 능력으로 우리 자신을 열어 놓을 수 있다.

이러한 신비는 우리가 가진 지식과 능력의 범위를 초월하는 것이지만 여전히 우리 자신 스스로의 모습보다 더 가까이 존재한다. 그것이 우리의 중심이요 기본이다. 기도는 우리 자신의 근본을 하나님 안에서 발견하는 것이며, 하나님께서 이 세상에서 이미 하고 계신 일에 대해 우리 자신을 여는 것이다.

신학자 폴 틸리히Paul Tillich는 기도가 "영이신 하나님이 우리를 통해서 하나님께 말하는" 것이라고 하였다. 기도 안에서 우리는 하나님과 연합할 뿐만 아니라 하나님이 하나님과 연합하신다. 아마 이것이 폴 틸리히가 "이와 같이 성령도 우리 연약함을 도우시나니 우리가 마땅히 빌 바를 알지 못하나 오직 성령이 말할 수 없는 탄식으로 우리를 위하여 친히 간구하시느니라"는 로마서 8장 26절의 구절을 통해 말하고자 했던 것 같다.

칼 맑스Karl Marx가 "철학자들은 아주 오래 지속되어온 세계에 대하여 깊이 생각해왔다. 그러나 지금은 이 세계가 변화하고 있다"라는 말을 한 적이 있다. 그에게는 그의 원하는 바가 있었다. 지난 2백 년은 인간 행동에 대한 열광적인 망상증을 보여주었다. 이러한 것들은 사상의 값을 치루며 세상이 진보한다는 이름 아래 이루어진 것이다. 자, 그러면 이러한 망상이 우리를 어디로 데려가고 있는지 보자.

아마도 맑스의 "우리는 이 오래 지속되는 세계 위에서 일을 해왔다. 이제 그것이 무엇인지 묵상해야 할 때이다"라는 경구를 다시 되돌려 놓아야 할 때인 것 같다. 무엇보다도 기도는 하나님을 그리고 그 하나님께서 이 세상에서 무엇을 하시는지 사랑하는 마음으로 묵상하는 것이기 때문이다.

18. 사랑: 누가 원수인가?

1995년 우리 가족이 바바리아^{Bavaria}에서 사는 동안, 1119년에 세워진 베네틱틴^{Benedictine} 수도원 내에서 있었던 가톨릭 예배에 참석하기 위해 약 45분 동안을 걸었던 적이 있다. 길거리 주변은 우리를 12세기로 거슬러 올라가게 할 수 있을 정도로 수많은 장식과 액자들, 사제, 왕자, 성인들의 묘지들 및 멋진 벽화들로 꽉 차 있었다. 찰스 5세$^{Charles\ V}$, 아나뱁티스트들을 박해했던 왕의 초상화가 설교단 뒤에 아름답게 장식되어 있었다.

그날 아침의 주제가 뭐였던가? 원수를 사랑하라! 사람들을 어리둥절하게 만들 주제였다.

그때 우리는 16세기 아나뱁티스트 신앙운동이 일어났던 중요한 장소들 중 하나였던 레겐스부르그^{Regensburg}에 살고 있었다. 유명한 아나뱁티스트 신학자였던 발타자르 후브마이어$^{Balthasar\ Hubmaier}$는 회심을 하기 전까지만 해도 성 바오로 성당의 핵심 설교자였다. 그는 반유대주의 성직자로 잘 알려져 있었고, 1519년에는 지역 회당을 없애고 같은 장소에 동정녀 마리아를 높이기 위한 성당을 지어야 할 책임을 수행했다. 얼마 되지 않아 이 성당은 내가 종려주일에 설교를 했던 루터교회로 다시 바뀌었다. 이런 것을 보면 사람들이 무어라 이야기 할까?

우리가 참석한 그 날 설교에서 베네딕틴 사제는 두 가지 주제를 다루었다. 원수를 사랑하라고 말할 때, 과연 그 사랑은 어떤 종류의 사랑인가? 우리가 그 원수를 사랑했다면 어떻게 그와 지속적으로 사랑하는 관계로 남아있을 수 있을까? 하는 것이었다. 원수를 위한 사랑은 신적인 사랑으로 남녀 간의 사랑과 그리고 부모와 자식 간에 이루어지는 가족의 사랑과는 근본적으로 다르다고 그는 말했다. 그 사랑은 원수가 친구로 변할 수 있는 종류의 사랑이라고 했다.

그의 설교는 좋았지만 그것은 완전히 개인적인 관계의 수준에만 머물러 있었다. 그의 설교는 나에게 우리 아나뱁티스트−메노나이트의 제자도에 대한 전통이 얼마나 깊고 풍부한 유산인가를 다시금 일깨워 주었다. 우리는 단순히 개인적인 도덕의 수준에 뿐만 아니라 사회적, 정치적, 경제적인 영역에까지 비폭력의 사랑을 적용하고 있다.

메노나이트로서 "우리는 어떠한 상황 하에서도 전쟁에 참여하지 않는다"는 한 가지 확신을 분명하게 배웠다. 왜? 예수가 그렇게 가르치셨기 때문이다. 이것은 제자도의 본질이다. 오랜 시간을 두고 나는 "자유주의적liberal" 평화주의와 "성경적biblical" 무저항메노나이트는 성경적 무저항을 고수하고 있다이 어떠한 차이가 있는지 배워왔다. 나는 자기희생적인 사랑, 아가페, 비폭력 저항, 평화건설, 샬롬 그리고 화해에 대한 용어를 사용하며 지적으로 대화하도록 배웠다.

한편 나는 많은 다른 전통 속에서 자라온 학생들에게 "기독교 신학에 있어서 전쟁과 평화"라는 과목을 가르치기 시작했다. 그 과목은 모든 그리스도인들이 내가 가진 관점을 갖고 있지 않으며 성경이 아주 다른 방식으로 해석될 수 있다는 사실을 확인시켜 주었다. 사람들은 거룩한 전쟁, 정의로운 전쟁 그리고 원하면 어떤 입장의 전쟁이라도 지지할 수 있는 본문들을 성경에서 찾을 수 있을 것이다. 메노나이트는 아니지만 비폭력과 평화건설에 헌신 되어 있는 그리스도인들이 많다는 사실도 깨닫게 되었다.

메노나이트든 아니든 상관없이 그들은 한 마음을 갖고 있다. 초기 아나뱁티스트 신자들은 폭력을 사용하는 것에 동의하지 않았다. 어떤 사람들은 하나님 나라를 이 땅 위에 이루기 위해 폭력을 사용하는 것을 스스럼없이 지지하기도 하였고뮌스터 사건, 어떤 사람들은 종말 때까지 폭력을 사용하는 것이 연기되었다는 입장을 옹호하기도 하였고,한스 후트 어떤 사람은 국가가 방어를 해야 할 때에 한해서 조건적 폭력 사용의 입장을 받아 들였다.후브마이어 그리스도인들은 비폭력자들이어야 한다는 것을 믿는 사람들 중에도콘라드 그레벨과 메노 시몬스 선을 수호하고 악을 벌하기 위해 폭력을 행사하는 국가의 권리마저 부정하지는 않았다.

이러한 입장들이 있음에도, 우리를 괴롭히는 것은 우리들 중 어느 누구도 이러한 방침에 변함없이 살아갈 사람이 없다는 현실이다. 우리는 공적으로 비폭력적인 사랑의 윤리를 옹호하겠지만, 개인적으로는 다른 기준으로예를 들자면 가정에서 힘을 남용하는 모습으로 살아갈 수 있다. 심리학자들과 상담가들은 우리 안에 있는 분노와 폭력이 얼마나 뿌리 깊게 자리하고 있는지 그리고 이러한 신경증적 발현에 대한 새로운 지식들을 우리에게 알려 주고 있다. 루디 위브Rudy Wiebe와 같은 우리시대의 작가들은 어떻게 평화의 이름으로 많은 것을 파괴하고 있는지를 보여주고 있다. 여성주의자들은 자기희생적인 사랑을 억압의 상황에 있는 사람들에게 적용할 때 착취로 변할 수 있다고 항변한다.

나는 알 라이머Al Reimer의 『나의 하프는 슬픔으로 변하였고』라는 책 속의 한 감동적인 장면을 기억하고 있다. 그 장면은 한 메노나이트 목사가 네스터 마크노Nestor Machno라는 원수와 대면하고 있는 모습을 묘사하고 있다. 이 두 사람 사이에 있었던 대화 중 나를 사로잡은 내용은 테러리스트 마크노가 메노나이트들의 심리 이면에 있는 어두운 면, 즉 그 목사의 알터 에고alter-ego, 숨겨져 있는 나를 드러내는 장면이었다.

누가 원수인가? 가톨릭? 근본주의자? 무슬림? 부모? 사장? 고용주? 기관? 우리에게 원수가 있다는 사실을 당연하게 여긴 예수님의 생각은 아주 흥미롭다. 그러나 예수는 원수를 보기 이전에 우리 자신을 먼저 돌아보라고 말씀하신다.마7:1~5 실제로 우리가 만나는 원수는 우리 안에 있고 우리의 공동체 안에 있다. 우리는 우리자신을 변화시키시는 하나님의 사랑과 용서를 경험을 할 때에만, 다른 사람을 사랑할 자유를 누릴 수 있다. 다른 사람들은 진정 우리 자신이 누구인지 올바로 볼 수 있게 하는 거울이기도 하다.

복음의 중심에는 예수의 어려운 사랑 윤리가 놓여있다. 우리는 십자가의 길을 걸었던 예수 그리고 같은 길을 걸으라고 부르시는 예수를 편하고 유순한 예수의 모습으로 바꿀 수 없다. 죽기까지 예수를 따랐던 아나뱁티스트-메노나이트의 풍부한 전통을 믿음의 자녀들이 이어갈 수 있도록 하자. 그리고 이러한 전통을 교파를 초월한 세계 교회의 테이블에 올려놓도록 하자.

그러나 우리들을 의롭게 하거나 위선적인 모습으로 하지 말자. 그 어느 누구도 결코 복음을 독점할 수 없으며, 비폭력 또한 다른 기독교인들과 논쟁을 할 때마다 쉽게 뽑아드는 트럼프 카드가 아니기 때문이다. 이러한 것으로 우리가 자랑할 수 없는 이유는 우리의 벽장 속에도 많은 뼈다귀들이 즐비하기 때문이다.

19. 성: 관능성과 신성

왜 우리는 성적인 것들에 쉽게 사로잡히는가? 궁극적으로 우리의 삶은 우리의 성적 욕구를 이해하기 위함이고 이러한 것들을 억압하는 것이 우리의 모든 신경증의 원인이라는 프로이드Freud의 말은 사실인가?

우리들에게 아주 친숙한 것은 육체의 죄에 대한 성경의 처방들정욕, 음란, 간음, 음행, 남색 그리고 다양한 형태의 성적 도착로 주일학교에서부터 우리의 상상력을 자극해 왔다. 메노나이트 신앙 고백에는 결혼과 가족이 별도의 조항으로 나뉘어져 있는데, 대개 일부일처와 이성과의 '언약'이라는 범주 안에서 성을 합법적으로 인정하고 있다.

그러나 아직도 우리는 다른 것들과의 관계 속에서 인간성에 대한 영역을 시험하고 있다. 우리는 호기심이 많고 위험을 감수하고 생명을 가지고 장난하고 있고, 마치 신들이라도 되는 것처럼 새로운 가능성들을 시험하고 있다. 왜 이러한 일들이 일어나는가? 아마도 성적인 흥분이 그 자체의 위험, 그 자체의 폭발적인 힘 그리고 쉽게 길들여지지 않는 모습으로 존재하고 있기 때문일 것이다. 성은 바로 생명또한 죽음의 근원으로 우리를 이끈다. 그런 까닭에 성에는 매력과 비극이 공존한다.

이러한 이유 때문에 어떤 종교에서는 신을 만나는 수단으로써 성이 예배의 중심_{다산의 의식을 수행하는 종교}에 놓여있다. 성적인 황홀함은 종종 초월적인 경험으로 이해되기도 한다.

현재 기독교 신학은 '어머니 하나님'에 대하여 이야기 하고, 세상을 '하나님의 몸'으로, 창조를 '하나님의 출산'으로 말하기도 한다. 우리의 신학과 예배에 편만해 있는 냉정하고, 이성적이고, 멀리 있는 남성적인 하나님에 대한 논리적인 반작용으로써, 사람의 몸과 감각 그리고 성애에 대한 보다 더 큰 가치가 부여되고 있는 것이 요즈음의 현실이다.

그럼에도 사람의 몸에 모든 관심을 고정시키는 세대를 살면서 우리는 우리 스스로에게 이러한 질문을 던져볼 필요가 있다. 과연 이러한 성애를 적절하게 표현할 수 있는 장소는 어디인가? 남녀 간의 성적인 결합이 신과의 연합과 어떤 연결고리가 있는가? 성적인 황홀경이 종교적인 경험인가? 메노나이트로서 우리는 성적인 경험과 하나님과의 만남을 완전히 분리시켜놓는 경향이 있다. 우리는 신의 사랑을 무조건적인 아가페 사랑으로 정의하고 있다. 이러한 이상적인 사랑의 형태는 모든 인간관계들을 위한 모델로써 그려지고 있다.

우리의 제자도_{자기희생적 사랑을 포함한}에 대한 관점은 이러한 순수하고, 신적인 사랑을 전제로 하고 있다. 결국 우리는 에로틱한 사랑을 위치시킬 장소를 잃어버린 셈이다._{에로스: 우리 자신을 완성하기 위한 방법으로써 다른 사람을 향한 욕망}

재미있는 것은 이러한 사랑의 감각적 핵심을 이야기함에 있어서 가톨릭 전통독신으로 사는 것이 이상적이라고 강조하는이 개신교들의 입장보다 더 공식적인 입장을 취하고 있다는 점이다. 냄새, 촉각, 맛은 가톨릭 예배의 아주 중요한 부분이고 가톨릭 교회 예술은 아주 감각적이고, 에로틱하기까지 하며, 인간의 몸을 중요한 종교적 주제로 삼고 있다. 성을 포함한 결혼은 신적인 은혜의 수단으로써 가톨릭 교회의 성사로 자리하고 있다.

문학적 표현으로 성적인 모습들을 포함하고 있는 특히 히브리 성경은 여러 모습의 인간 경험들을 다루고 있다. 노아의 벌거벗음창9, 아브라함과 하갈창6, 롯과 그의 딸들창19, 다윗과 많은 후궁들삼하16, 그리고 밧세바와의 일.삼하11

유대인들과 그리스도인들은 모두 솔로몬의 아가서가 사용하고 있는 아주 솔직한 성적 묘사와 이러한 사랑의 노래들을 영적으로 해석하고 있는 것예를 들어 실제로 아가서의 노래들은 하나님과 교회와의 관계나 신과의 영적 교감을 설명하고 있음에 대하여 당혹스러워 한다. 아가서는 유대-그리스도인 인류학을 위한 사랑의 유효성을 검증받은 본문으로써 이러한 당혹스러움과 상관없이 우리의 성경 안에 당당히 자리하고 있다.

비록 구약에 비해 인간의 경험을 묘사하는 데는 조금 다양하지는 못하지만 신약성경에도 인간과 신과의 관계를 묘사하는데 결혼의 은유를 사용하고 있다.고후11,엡5,계21

우리는 하나님의 사랑과 인간의 사랑을 따로 떼어 분리시키는 경향이 있다. 그러나 만약 육체적 성의 표현이 무제한적이지 않다면 그리고 그것이 가장 중요한 것으로 취해지지만 않는다면, 육체적 성은 우리에게 많은 영적인 의미를 가져다 줄 수 있다. 이것이 독신, 육체적 순결 그리고 결혼하지 않는 전통 또한 중요한 의미를 가질 수 있는 이유이다. 이러한 것은 우리에게 성적인 표현의 상대적 중요성을 일깨워 주기도 한다.

성적인 사랑은 우리 자신을 완성시키고 보충해주는 다른 사람을 향한 욕망이다. 이것은 자기만족을 위한 다른 표현인 육체적 정욕과 구분되어야만 한다. 어떤 사람은 텔레비전의 선정성과 진정한 예술과는 근본적으로 다르다고 본다. 훌륭한 예술에 나타나는 성적인 모티브는 항상 육체적인 수준을 넘어서 진정한 상호 관계를 강조함으로 "영적"으로 승화된다.

이러한 성을 통해 나타나는 영적 사랑의 힘은 아우스비츠의 생존자요 정신분석학자인 빅터 프랑클Viktor Frankl에 의해 잘 표현된 바 있다. 수감자들에게 순간순간 용기를 주어그래 어떤 상황 하에서도 살아남을 수 있어!라고 말함으로 생명을 연명해 나가도록 한 그 동력은 영적인 사랑으로 전환된 육체적 사랑이었다. 이 영적인 사랑이라는 것은 어쩌면 죽게 되면 육체적으로는 존재하지 않을 사람들의 영적인 현존이었다. 얼어 죽을 만큼 춥고, 기아와 허리가 부러지는 노동에 지쳐있음에도 프랑클은 매일 매일 그의 아내와 영적인 대화를 나누었는데, 이 대화는 그들이 나누었던 육체적 사랑이 있었기에 가능한 것이었다.

인간의 에로스는 우리 실존의 궁극적 기반이 되는 하나님을 찾고자 하는 열망, 즉 신을 향한 에로스에서 그 기원을 찾을 수 있다.

20. 심판: 왜 지옥을 믿는가?

1995년 나는 크로아티아에 있는 코쿨라Korcula라는 섬 해변가의 한 작은 마을에 머무른 적이 있었다. 아드리아Adriatic 해변가의 아주 조용한 마을에 머무는 동안 내 마음에 찾아 든 단어는 다름 아닌 "심판"과 "지옥"이란 단어였다. 그 곳의 모든 사람들은 서로를 잘 알고 있었다. 비록 의사소통을 잘 할 수 없었음에도 지역 사람들은 낯선 사람들을 아주 친절하게 대해 주었다. 포도주는 아주 싸고, 올리브, 오렌지, 레몬과 무화과는 집집에서 자라고 있었다. 짙푸른 바다를 바라보도록 해안의 단구를 따라 잘 구획된 정원들은 아름다운 전원풍경을 만들어내고 있었다. "천국"이란 표현이 아주 잘 어울리는 그런 곳이었다.

그러나 잘 보이지는 않았지만 이곳에는 어두운 그림자가 드리워져 있었다. 무엇엔가 사람들은 짓눌려 있었고, 1991년 유고슬라비아 연맹에서 크로아티아가 분리된 이후 약 4년 동안 치러진 세르비아 전쟁에서 경제적인 고통을 받고 있었다. 말로 표현할 수 없는 잔인함이 서로에게 자행되었다. 발칸Balkans지역에 있었던 폭력의 악순환은 몇 세기동안 진행되었고, 그것은 과연 정의가 무엇을 의미하는지 잘 알지 못하도록 만들어 놓았다. 내가 1977년부터 두브로브닉Dubrovnic에서 진행했던 "종교의 미래"라는 강좌를 통해 알게 된 몇몇 정의에 대하여 고민하는 지성인들은 "원수"들을 향한 증오와 분노를 가득 품고 있었다. 어떤 사람은 알코올과 절망에 굴복하는 삶을 살기도 했다.

특별히 두 명의 할머니가 기억나는데, 한 할머니는 이웃들과 군인들에 의해 자신이 살고 있던 집을 제외한 모든 소유를 잃었음에도 사람들은 아주 건강했으며, 이러한 상황에 대해 철학적으로 아주 냉철하게 분석하였고, 양쪽을 동시에 질타하면서도 서로의 용서를 요구하였다.

심판과 지옥에 대한 신학적 개념들이 제대로 의미를 갖게 된 폭력과 악의 상황들이 거기에 있었다. 자유주의자들은 종말에 대한 교리를 매우 불편하고 어렵게 생각한다. 그것은 그들에게 이러한 교리가 별로 의미가 없는 것처럼 보이기 때문이기도 하지만 인간들이 실제로 그렇게 나쁜 존재가 아니라고 믿는 그들의 인간이해 때문이기도 하다. 근본주의자들은 지옥에 대한 개념을 축소시키는 경향이 있는데 이는 이들이 지옥을 영원히 꺼지지 않는 불이 타고 있는 장소와 시간이라는 문자적 개념으로 이해하기 때문이다. 자유주의자이든 근본주의자이든 누구도 중요한 교리들을 감당할 만한 정의를 행할 수는 없을 것이다.

특별히 한 가지 말하고 싶은 것이 있는데 그것은 실제로 사람들이 아주 악하다는 것이다. 위기의 순간에 인간들이 행하는 착취와 파괴의 깊이란 그 끝을 알 수 없다. 우리는 상상할 수 없을 만큼 모든 악에 대한 가능성을 갖고 있다. 우리가 하나님의 분노에 대하여 말할 필요가 있는 이유는 심판

과 원수 갚는 일을 하나님의 손에 맡김으로 죄와 악을 충분히 극복할 수 있기 때문이다.롬12:19

다른 한 가지는 우주의 어떤 특별한 장소로 지옥을 규정하는 것은 아주 쉽다는 것이다. 현대인들에게 "지옥이라 불리는 장소가 실제로 존재합니까?"하고 질문하는 것은 정말로 필요한 가르침 전체를 놓치게 한다. 무죄한 희생자들을 위한 최후의 신원함과 진술들은 인간의 중재적인 의지에 의한 것이 아니다. 최후의 심판자는 하나님이시다.

메노나이트들이 추구하는 사랑과 무저항 교리의 근간이 되고 있는 산상수훈이 실려 있는 마태복음에는 지옥과 영원한 심판에 대한 충분한 자료들을 동시에 제공하고 있다.5:22,29, 10:28, 18:9, 25:30,41 마태복음에서는 종종 인간을 사랑하라는 명령이 신의 심판을 설명하는 병행구절로 등장한다. 사람들 간의 화해를 요청하는 같은 구절 안에 형제를 미련한 놈이라고 말하는 자는 지옥 불에 들어가게 된다고 위협하고 있다.마5:22 참새 한 마리의 생명, 우리의 머리털까지도 세시는 하나님께서 모든 생명의 가치를 존귀히 여기신다고 하는 같은 구절에서 "몸과 영혼을 능히 지옥에 던질 수 있는 그분을 두려워하라"고 말하고 있다.마10:28,눅12:4

어떻게 그러한 모순을 만들어 낼 수 있을까? 미래, 천국, 심판 그리고 지옥과 같은 언어는 상징과 비유의 언어이다. "예수께서 이 모든 것을 무리에게 비유로 말씀하시고 비유가 아니면 아무것도 말씀하지 아니하셨다."마13:34 성경이 말하고 있는 "불 못"에서 "슬퍼하며 이를 갊이 있으리라"는 이미지들은 악은 결코 간과 할 수 없다는 신념 아래 죄의 심각성을 상징적으로 잘 전달하고 있다. 이는 또한 최후의 심판이 인간들의 손에 달려있지 않다는 것을 명확하게 하고 있다.

그러나 이러한 상징적인 언어는 우리가 그 사실을 완전히 이해할 수 없는 실재의 모습을 전달해 주기도 한다. 한번은 예수께서 그의 제자들에게 "이것을 비유로 너희에게 일렀거니와 때가 이르면 다시 비유로 너희에게 이르지 않고 아버지에 대한 것을 밝히 이르리라"고 말씀하셨다.^{요16:25}

때때로 그림이나 상징들은 우리들에게 실재에 대한 보다 깊은 의미를 드러내 준다. 마치 텔레비전이 보여주듯 그림이나 상징들은 실제 삶에서 우리가 멀리 떨어져 있음을 보여주기도 한다. 상징적인 언어들은 우리의 삶을 구체적인 실존과 연결되도록 도와준다. 하나님께서 최후 중재자가 되신다는 말이 인간이 행하는 행동에 대한 책임까지 면제해 준다는 말은 아니다.

독일의 신학자 디트리히 본훼퍼Dietrich Bonhoeffer가 쓴 옥중서신에는 '다가오는 인간 세대'에 대한 기록이 있다. 우리는 하나님께서 모든 것을 행하시도록 더는 하나님을 의지해서는 안 된다. 우리는 '세속적'이 되어야만 한다. 그리고 하나님께서 존재하시지 않는 것처럼 살아야 한다. 우리는 악을 상대로 싸워야 할 책임을 짊어져야만 한다고 그는 말하고 있다. 그가 얼마나 기꺼이 그의 용기와 '순교'를 실행하고자 했던가를 알 수 있는 대목이다.

1995년 4월 6일, 나는 1945년 4월 9일 본훼퍼가 교수형에 처해졌던 수용소가 있는 프로센부르크Flossenburg를 방문했다. 이곳은 1944년 히틀러를

암살하려다 실패했던 그의 동료들이 함께 교수형에 처해졌던 곳이었다. 본회퍼는 인간의 존엄과 정의를 위해 싸우던 중, 그의 평화주의적 확신과 그의 삶을 희생 제물로 바쳤다. 비록 본회퍼의 결정이 원수를 사랑하라는 비폭력에 대한 그리스도의 부르심을 이해하고 따라 살기 더 어렵게 만들었지만, 아직도 그는 수많은 사람의 이해와 존경을 받고 있다. 그렇다면 본회퍼가 하나님의 역할을 담당하였다는 말인가? 아직도 그 결정은 하나님께 남겨져야만 한다.

21. 영원한 삶: 하늘을 바라보며

휴거!Rapture황홀경 체험 많은 사람에게 이 말은 성적인 황홀경 또는 아주 강력한 예술적 경험과 같은 극도의 쾌락에 대한 이미지들을 상기시켜준다. 어떤 사람들에게 이 말은 내가 자주 불렀던 복음송의 제목처럼 "공중에서의 만남"을 의미한다. 이러한 비전에는, 하늘에서 땅으로 내려오시는 예수와 하얀 옷을 입고 하늘로 올라가는 성인들이 공중에서 만나는 장면들이 들어있다.눅17, 21, 막13, 마24 혼동의 상태로 뒤에 남겨진 사람들은 모두 어린양의 피로 깨끗하게 씻김을 받지 못한 사람들이다.

내가 우리 할머니의 부엌에 걸려있던 휴거에 대한 그림을 볼 때마다 느꼈던 그 끔찍한 기억과 느낌은 아직도 생생하다. 나도 뒤에 남겨지게 될 것인가? 라는 질문에 대한 답은 자못 궁금한 일이다.

마지막 때와 연결되어 있는 기이한 이미지들적그리스도, 고난, 묵시, 천년왕국 등은 우리의 상상력을 자극하며 종종 역사의 종말에 대한 교회의 이해를 왜곡되게 만들기도 한다.

초기 아나뱁티스트 신자들은 다니엘서나 요한계시록과 같은 묵시문학과 예언 그리고 종말론에 사로잡혀 있었다. 토마스 뮌쩌Thomas Müntzer의 설교, 멜키어 호프만Melchoir Hoffman의 스트라스버그Strasbourg에 천국이 임할 것 이라는 예언들, 뮌스터Münster 아나뱁티스트들의 새예루살렘을 건설하려는 봉기 사건이 그 예이다. 또한 19세기에 재림한 그리스도를 만나기 위해 중앙아시아로 여행을 하였던 클라스 엡Claas Epp과 그를 따랐던 사람들을 생각나게 한다.

말세에 대한 교리는 늘 아나뱁티스트 운동의 중심에 놓여 있었다. 이 주제 그 자체가 말세에 대한 수많은 태도들이 있음을 보여주고 있다: 어떤 때는 세상을 위한 책임을 포기하는 도피주의를 낳기도 했고, 어떤 때는 세상과 더욱 더 많은 관련을 갖게 함으로 변화를 도모하는 변혁주의를 낳기도 했다.

성경은 지옥, 천국, 심판, 부활, 영생, 하나님 나라 등의 용어를 사용하여 공간적이면서 일시적인 이미지의 다양성으로 말세에 대하여 이야기 하고 있다. 만약 이러한 성경적 이미지들을 문자적으로 취하게 된다면 종종 말세에 대한 일관성을 잃게 된다. 이러한 이유 때문에 예수는 하나님의 나라를 묘사할 때, 비유들을 사용하여 말씀하신 것이다.

성경이 묘사하는 말세에 대해 똑같은 그림을 그린다는 것은 불가능하다. "영생"은 대개 우리가 영원히 사는 물리적 장소라기보다는 영적인 공간 혹은 새로운 삶의 존재 방식을 의미한다.마18,19; 요일5:13,20 한편, "천국"은 우리를 넘어서있는 어떤 것이나 "위에" 있는 어떤 것을 함축하는 말이다.시139:8; 막10:19 예수가 하늘로 "승천"하신 것과 라틴어 *rapere*에서 온 "휴거"라는 말은 "몸이나 영에서 떠나 있는 상태"를 의미한다.

종종 천국은 땅 위의 어떤 존재를 대신하는 것이 아닌 새로운 하늘 그리고 오래된 것을 바꾸는 새로운 땅이라는 미래적 개념으로 보여지곤 한다.^벧^{후3:13; 마5:18, 13:31; 눅21:33} 이러한 것을 설명하는 가장 잘 알려진 성경 구절이 요한계시록 21장인데 하늘에서 내려오는 거룩한 도시 새 예루살렘을 보여주고 있다. 거룩한 사람들이 땅에서 한꺼번에 휙 들려 올라가는 것이 아니라, 하나님께서 모든 창조물들과 함께 거하시기 위하여 내려오시는 것을 의미한다.

이러한 새 예루살렘이 이스라엘의 열 두 지파와 열 두 사도의 이름을 따라 만들어진 열 두 문이 있는 고대 성벽 도시처럼 그려지고 있다. 신약성경의 종말론과 유대인들의 메시아에 대한 비전은 성경의 마지막 장에서 한꺼번에 이루어지고 있다. 하나님^{여호와}과 어린양^{그리스도}은 알파와 오메가이시며, 이 새 하늘과 새 땅의 시작과 끝이신 것이다.

어떻게 사람이 이러한 종말에 대한 다양한 비유적 설명과 내부, 외부, 위, 아래, 전, 후를 포괄하는 다양한 공간적 이미지들을 제대로 분류해 낼 수 있을까? 사실 종말이란 현상을 보면 연속적인 시간과 제한된 공간은 정지된 것처럼 보인다. 아마도 종말에 대한 성경적인 언어들은 우리 시대에 통용되는 상상에서 그리 멀리 떨어져 있는 것 같지 않다. 우리는 별들을 여행하거나, 시간과 공간이 우리의 경험을 넘어선 차원으로 변화되는 환상의 세계로 여행하는 등 다른 세계들을 상상하는데 대단한 매력을 갖고 있다. 왜 우리는 성경적 언어들을 이해하는데 많은 어려움을 느끼는가? 다른 모든 종류의 상상력과 같이 종말에 대한 성경적인 신념들도 실제로는 인간의 경험에서 출현하는 것이며 종종 핍박과 박해 및 고난 혹은 죽음에 직면해있을 때 출현하기도 한다.

부활에 대한 교리는 모든 사람들이 걸었던 칙칙한 헤데스나 스올과 같은 암흑이라는 구약 초기의 신념^{삼상28:8~9; 욥7:9; 시6:4~5}에서 시작되어 이스라엘 자손들을 거쳐 영원성으로^{삼하18:18}, 유대인들의 육체적 부활로^{겔37:1~4; 단12:1~4}, 예수 그리스도의 몸의 부활로^{고전15:12~19} 그리고 일반적인 부활에 이르기까지 약 2,000년의 기간 동안 그 개념이 발전되어 왔다.

이러한 신념들이 발전되는데 아주 오랜 기간이 걸렸다고 해서 이러한 진리들이 상대화되지는 않는다. 오히려 그것은 이 신념이 실제의 삶과 연결되어 있음을 의미한다. 우리의 종교적 신념들이 우리의 존재와 아주 심오하게 뒤엉켜있고 인간 존재가 결코 정지하는 것이 아니기에, 신적 진리를 표현하기 위해 사용하는 이러한 교리적 은유와 상징들 또한 변화한다.

이러한 종말과 관련된 모든 성경적 이미지들 배후에는 실존에 대한 변화, 회심, 해방을 향한 충동이 자리하고 있다. 따라서 종말을 이야기하면서 언제, 어디서, 어떻게 이런 저런 것이 일어날 것인지에 구체적으로 이야기하는 것은 종말에 대해 정말로 중요한 것을 놓치는 행위라 하겠다.

그리스도의 몸과 영의 부활을 이미 경험으로 믿었던 첫 번째 기독교인들은 부활의 "첫 열매"였다.^{고전15:20} 모든 창조물들은 언젠가 이러한 회복과 연합을 경험하게 될 것이다. 사람들이 그리스도의 승천 후 하늘을 멍하니 바라보고 있을 때, 두 명의 흰 옷을 입은 사람들이 "갈릴리 사람들아, 어찌하여 서서 하늘을 쳐다보느냐?"^{행1:11}라고 말한 것은 바로 이러한 영 안에서 이루어진 것이었다. 생명으로 나아갈지어다!

종말과 하나님 나라와 관련된 비유들의 가장 중심부에는 바로 이 생명 안에서 감당해야 할 인간의 책임에 대한 부르심이 놓여있다. 그리스도의 육체적 떠남은 우리 안에 그리고 세상 안에서 성령의 힘으로써 우리가 새롭게 변화 할 것임을 보여 주었다. 그렇게 함으로써 새로운 모습으로 그가 돌아오실 가능성을 만들어 놓은 것이다.

22. 신실한 교회: 관용, 거절, 또는 인내?

물이 땅에서 막 솟아나오면 우리는 그것이 그 샘에서 가장 순수한 것이라고 생각하는 경향이 있다. 샘물이 흐르기 시작하면서 물은 보다 더 흐려지고 오염되면서 또 다른 물을 모으고 다시 다른 강물들을 이루는 것으로 생각한다.

메노나이트로서, 우리들 또한 초대교회를 가장 순수한 것으로 생각하는 경향이 있다. 교회가 흩어지고 보다 더 많은 회원들이 모이게 되면서, 처음의 순수함과 헌신을 잃어 버렸다. 만약 우리가 진짜 원래의 모습으로써 그리스도를 다시 발견할 수만 있다면. 만약 우리가 오순절의 그 열정을 다시 갖게 될 수만 있다면 그리고 순교자들의 흔들리지 않는 신앙을 가질 수만 있다면….

다시 물의 흐름을 생각해보자. 물이 흘러가는 동안 빠르게 흐르다 폭포를 이루었다 하면서 실제로 돌과 공기와 상호작용을 한다. 이러한 상호작용을 통해 물은 더러워지는 것이 아니라 보다 더 청결해 진다. 교회는 역사의 움직임과 더불어 세상 속에 있는 그리스도의 지속적인 현존으로 자리해

왔다. 교회는 그것이 시작되었을 때 가장 신실했던 것이 아니라 그것이 그리스도께서 주신 "가서 모든 족속으로 제자를 삼으라"는 그 선교명령을 수행하면서 신실해 졌다. 사실 예수는 그를 따르는 사람들이 그를 추앙하여 스스로 함몰되지 않도록 격려하고 도전하였다: "내가 떠나가는 것이 너희에게 유익이라…내가 아직도 너희에게 이를 것이 많으나 지금은 너희가 감당치 못하리라. 그러나 진리의 성령이 오시면 그가 너를 모든 진리 가운데로 인도하시리니."요16:7,12~13 이것을 근거로 믿음이 지속적으로 성장하는 것이라고 할 수 있다.

신실한 교회가 된다는 것은 처음부터 완전한 교회를 이루게 된다는 의미가 아니다. 그것은 예수의 치유, 구원, 화해의 사역을 따라가는 것이다. 즉 교회가 속해있는 이 깨어진 세상과 스스로의 자리에서 치유, 구원, 화해의 사역을 감당해야 함을 말하는 것이다. 어떤 면에 있어서 교회는 교회가 속한 곳에서 세상에 더 깊이 관여하고 더 지저분해 짐으로써 급속하게 변하는 삶과 든든한 반석으로서 상호작용을 할 때 더욱 더 신실해진다. 신약 성경의 후기 저작들인 디모데서, 디도서, 야고보서, 베드로서, 요한 1,2,3 서, 유다서가 내게 더 매력적인 것은 첫 번 것이 반드시 나중 것 보다 낫다고 말할 수 없다는 사실 때문이다. 예수와 그의 제자들이 모두 세상을 떠난 후에야 사람들은 교회가 직면한 도전의 의미가 무엇인지 알게 된다.

현재, 메노나이트 교회들은 누가 교인이고 누가 교인이 아닌가 하는 강렬한 논쟁에 연루되어 있다. 회원이 되기 위한 기본이란 무엇인가? 개인들이 혹은 회중이 불화를 두려워하여 동성애와 같이 토론하기 어려운 주제들을 제외시켜야 하는가? 군대 문제, 이혼과 재혼 문제 그리고 여성 목회자의 안수 문제가 이전에 다루어졌던 주제들이었다. 메노나이트들은 예수의 삶과 가르침과 일치하는 삶 즉 도덕적으로 올바른 삶, 제자도에 충실한 삶, 교회의 순수성을 지키려는 삶을 살려고 값비싼 대가를 치렀다.

우리가 알고 있는 것처럼 완전한 그리스도인들이란 결코 없다. 예수를 따랐던 초기의 제자들은 구원을 찾고자 했던 아주 평범한 사람들이었다. 거기에는 싸움과 시기의 모습이 있었다. 도마에게는 아주 심각한 의심증이 있었다. 유다는 예수를 배신하였다. 모든 제자들은 위험에 직면하였을 때 예수를 버리고 떠났다. 후에 바울은 교회의 지도자들과 동료 사역자들과 함께 싸우기도 하였다. 이방인들이 복음을 받아들임으로 형성된 초대 교회들 특히 고린도 교회는 도덕적 타락과 분당으로 갈기갈기 찢어지기도 했었다.

이러한 것은 거룩함이나 순수함과는 아주 거리가 먼 그림들이다. '육적인' 삶을 주제로 한 바울의 수많은 선언들과 일치를 요구하는 그의 반복적인 깨우침은 육적인 삶과 불일치가 초대 교회를 괴롭히는 정확한 문제들이었다는 사실을 보여주고 있다. 그러나 한 가지 놀라운 일이 일어나고 있었는데 그것은 하나님께서 그리스도 안에서 보여주신 확신이었다. 기적적인 치유들이 생겨났고, 용서와 구원이 가능해졌고, 진리와 사랑의 성령이 그들 한가운데서 사역하고 계셨다.

디모데전서 1:3~7에서 바울이 말하고자 했던 기본적인 내용은 건강한 교리와 가르침이었다. '끊임없는 족보'와 '신화' 그리고 '의미 없는 헛된 말'

에 빠져있는 사기꾼들이 너무 많았다. 그들은 법의 진실된 속성을 알지도 못하면서 법을 가르치는 사람들이었다. 초대교회는 그리스도의 가르침과 일치하지 않는 철학과 도덕적 규율들에 의해 맹공을 당하였다. 이러한 것들은 '순수한 마음, 선한 양심 그리고 신실한 믿음에서 오는 사랑'과는 아무런 상관이 없는 것들이었다.

초대교회가 리더십과 신앙 고백들을 발전시켰던 이유 중 한 가지는 예수 그리스도와 사도들의 중심 메시지를 보존하기 위함이었다. 교회는 법의 진실된 속성을 알지도 못하면서 신적인 법을 가르치려는 쓸모없는 토론, 끝없는 족보, 신화들에 의해 방향을 잃도록 항상 시험을 받았다.

그러면 이러한 법의 참된 속성은 무엇인가? 요한일서 4장 1~12절을 살펴보자. 여기에서 문제는 신자들의 공동체 내에 확고한 지위를 얻고 있었던 다양한 영들과 '거짓 예언자들'이다. 기독교인들은 한 가지 기준으로 이러한 영들을 시험해보도록 권고 되었다. 그것은 "예수 그리스도께서 인간으로 오셨는가?" 하는 질문이었다. 이를 고백하지 않는 영은 잘못된 것이고 그리스도를 대적하는 영이다. 이것은 특히 다른 사람들의 믿음에 열린 마음 가져야 할 것과 서로 다른 관점을 존중해야 함을 강조하는 우리 시대에 아주 불쾌하고 참을 수 없는 기준이다. 그러나 실제로 이러한 고백은 해방의 고백이다. 이것은 "나는 그리스도를 믿습니다." 혹은 "만약 당신이 이러한 규칙을 따르지 않는다면 천국에 갈 수 없습니다"와 같은 어떤 추상적인 공식이 아니다. 오히려 이 신앙고백의 내용은 사랑이 육신을 입고 인간의 형체를 입고 오셨다는 것이다.

요한일서 4장 7~9절을 보면 이렇게 쓰여 있다. "사랑하는 자들아 우리가 서로 사랑하자. 사랑은 하나님께 속한 것이니 사랑하는 자마다 하나님께로 나서 하나님을 알고 사랑하지 아니하는 자는 하나님을 알지 못하나니 이는 하나님은 사랑이심이라. 하나님의 사랑이 우리에게 이렇게 나타난 바 되었으니 하나님이 자기의 독생자를 세상에 보내심은 저로 말미암아 우리를 살리려 하심이니라."

이러한 내용을 토대로 초대교회가 고백한 신앙고백의 중심 내용은 다음과 같다.

1. 하나님은 사랑이시며 이것은 사람들이 하나님에 대하여 이야기할 수 있는 가장 심오한 것이다.
2. 하나님은 세상을 사랑하신다.
3. 예수 그리스도는 하나님 사랑의 명백한 증거이다.
4. 하나님은 우리의 죄를 용서하신다. 그리고 그 결과….
5. 우리가 서로 사랑해야만 한다.

이것이 복음이요 올바른 영이요 진실된 교리요, 교회의 기초이다. 이것이 "길이요, 진리요, 생명"이다. 이 고백이야말로 교회 회원과 실행과 규율의 기본이다.

관용Tolerance: 이러한 고백에서 어떤 사람들은 우리가 교회와 사회에서 끝이 없는 관용을 증진시켜야만 한다는 결론을 끌어낸다. 잘못이다. 관용은 비성경적이고 비기독교적인 개념이다. 그것은 모든 종교가 서로에게 종교적 공간을 남겨놓고 회심을 시키려 해서는 안 된다는 다신적인 사회에 적용되는 것이다.

3세기에 로마황제 디오크레티안Diocletian은 관용하지 않고 기독교인들을 박해하였다. 그는 종교적으로 자유로운 국가를 원했고 기독교인들이 이러한 비전에 위협적인 존재라고 여겼다. 왜냐하면 유대인과는 달리 기독교인들은 많은 사람들을 그들의 종교로 회심시키려 했기 때문이었다. 오늘날 우리는 어떠한 생활양식, 견해 혹은 종교적 영성이라도 관용하도록 기대되는 3세기와 유사한 다신적 상황 속에서 살고 있으며 교회 내에서조차 이러한 것이 요구되고 있다. 이러한 종류의 '관용'은 예수의 복음과는 일치하지 않는 것이다.

초기 아나뱁티스트들은 종교적인 관용을 증진시켰던 첫 번째 사람들이었다는 지적을 종종 듣는다. 예를 들어 메노 시몬스Menno Simons는 시장에게 관용을 베풀라고 호소하였었다. 그러나 실제로 아나뱁티스트들이 이렇게 한 첫 번째 사람들이 아니다. 이미 디오크레티안 황제가 종교적 관용을 3세기에 시도를 했기 때문이다. 또한 아나뱁티스트들이 말한 관용은 디오클레티안이 의미한 관용과 오늘날 우리가 말하는 관용과는 근본적으로 의미가 다르다. 메노 시몬스가 요구한 관용은 사람들이 원하는 대로 믿도록 그들을 내버려 두라는 의미였다. 그들이 말하고자 했던 것은 내가 '인내forbearance'라고 부르는 것에 더욱 가깝다고 할 수 있다.

거절Exclusion: 사랑하라는 명령을 세밀하게 살펴본다면 그것이 우리가 생각하는 것만큼 그렇게 단순하지 않음을 쉽게 알 수 있다. 유대인들의 법의 핵심은 쉐마이다. "너는 마음을 다하고 성품을 다하고 힘을 다하여 네 하나님 여호와를 사랑하라" 그리고 "네 이웃을 네 몸과 같이 사랑하라."신 6:5; 레19:18; 마22:37~39 법은 사랑의 틀이며 사랑의 내용이 무엇인지 알게 해 준다.

예수께서 하나님을 사랑하고 이웃을 사랑하라고 말씀하셨을 때, 그는 유대인의 율법들을 부정하고 있는 것이 아니라, 우리에게 그 법들의 가장 깊은 의미를 알려주시고 계신 것이다. 예수께서 그가 율법을 폐하러 온 것이 아니요 완전케 하러 왔다고마5:17~20 하셨는데 여기에서 그는 사랑이란 법에 변경을 가하는 것이 아니라 그 좋은 법의 의미를 찾는 것이라고 말씀하고 계신 것이다.

법에 충성하고자 하는 교회들의 노력들을 보면, 종종 교회들이 "법의 기본은 사랑이다"는 사실을 잊는 것 같다. 사랑이 법에 기초하는 것이 아니라 법이 사랑에 기초한다. 교회에서 우리는 법을 지키기 때문에 어떤 사람을 사랑하는 것이 아니라, 법이 곧 사랑이기 때문에 그 사람을 사랑한다. "교회의 회원들이 지켜야 할 순수한 복종과 올바른 행위가 무엇인가?"하는 어떤 규칙들에 대하여 끊임없이 논쟁함으로 우리가 방향을 잃는다면, 우리는 하나님을 사랑하고 이웃을 사랑하라는 법의 기본을 위반하는 것이다.

그럼에도 교회는 규율을 시행해야 하고 신앙의 공동체로서 거절해야 하는 분명한 입장을 갖고 있어야 한다. 베드로와 제자들에 대한 예수의 명령마16, 18은 교회가 무엇을 받아들이고 무엇을 버려야 할지에 대한 열쇠이다.

과연 무엇인가를 거절해야 할 법적 근거는 무엇인가? 나는 법을 지키지 않았기 때문에 즉 법의 기본이 되는 하나님을 사랑하고 이웃을 사랑하라는 명령을 지키지 않았기 때문에 교회가 회원을 거절해서는 안 된다고 제안하고 싶다. 아주 솔직하게 표현하자면, 하나님과 다른 사람을 증오하기 때문에 사랑의 공동체에서 그 사람이 거절당하게 되는 것이다. 정확하게 표현하자면 서로가 서로를 거절하는 것이다

인내Forbearance: 서로를 거절하는 모습은 교회 특히 메노나이트 공동체에 너무나 빈번히 일어나고 있다. 아주 오랫동안 신실한 목회자였던 나의 할아버지는 그가 섬겼던 교회에서 불공평하게 파문을 당했었다. 교회의 규율 거부권은 필요하지만 교회의 중심이 되는 고백에 문제가 생기는 아주 드문 경우에만 정당화 될 수 있다.

'죄악된' 생활을 하는 사람들을 모두 거부해야만 하는가? 이러한 문제는 마태복음 18:15절에 잘 나타나있듯이 의도적인 죄를 범한 그 사람을 추방함으로 인해서 그 사람의 '죄를 속할' 경우에만 해당한다. 그러나 주목해야 할 것은 이 본문이 단순히 "만약 교회의 다른 회원이 네게 죄를 범하거든"이라고만 언급하고 있지 '죄'가 무엇인지를 명확하게 지적하고 있지 않다는 것이다. 간단히 말해서 이 경우에 있어서 문제는 회원 간의 상호 관계를 다루고 있으며 여러 번 상호간의 화해를 시도한 후에 그러한 것이 실패하면 추방하도록 되어있다.

동성애에 관한 문제에 있어서, 교회가 이성간의 결혼처럼 서로 충실한 관계 속에서 이들을 받아들이거나 이들을 축복하는 것은 아주 복잡한 문

제이다. 그 복잡성은 교회의 회원들이 이 문제에서 '죄'를 어떻게 적용하느냐 하는 사실에 걸려있다. 동성애에 대한 경우 '회원의 자격'에 대한 근본적 이슈가, 비록 그 이슈자체가 중요한 신학적 이슈임에도 그들이 실행하고 있는 성적 연합의 형태가 어떠한 것이냐 하는 것이 아니라, 논쟁을 하고 있는 어느 쪽이 교회의 회원됨즉 예수 그리스도와 하나님의 사랑 안에서 이루어지는 고백의 기초를 위협하는가 하는 것이다.

양쪽 모두가 온전함으로 예수를 고백할 때, 서로를 배척하는 것은 정당한 일이 못 된다. 이러한 것은 신학적인 일치를 계속적으로 모색하는 가운데 서로의 의견 차이를 줄여가는 화해의 길을 발견해나가야 한다. 현재 교회에게 주어진 동성간 연합에 대한 이해는 '축복'해야 되는 것이 아니라 어떤 특정한 상황 하에서 그들을 '인내해야' 하는 것이다. 그리고 이러한 것은 동성애에 대해 성경이 가르치고 있는 것이 무엇인지 이해하려고 노력하는 교회에 대한 동성애 기독교인들의 인내도 동시에 의미한다.

히틀러가 통치하는 동안 독일 교회에는 신앙고백에 대한 강한 도전이 있었다. 1934년 5월 '고백교회'는 친히틀러 성향의 회원들 즉 독일 기독교인들이라고 알려진 이단들을 참된 교회에서 추방했다. 이 끔찍한 결정은 독일 그리스도인들이 기독교로 개종했던 유대인들로 하여금 교회의 목회자가 되는 것을 막고자 하는 것 때문에 만들어진 것이다.

교회가 그러한 극단의 규율을 실행한다면, 그것은 너무나 위험하며 잘못된 것이다. 다른 사람을 판단했던 그 기준으로 다시 판단을 받게 되는 결과를 초래하게 될 것이다. 인내한다는 것은 사람들이 무엇을 믿거나 무엇을 행하든 무조건 관용을 베푸는 것이 아니다. 인내는 우리가 다른 사람들을 판단하는 것으로써 우리도 또한 판단을 받게 될 것이라는 그래서 우리는 다른 사람들의 눈 속에 있는 티를 제거하기 전에 우리 스스로의 눈에 있는 들보를 먼저 제거해야만 한다는 성경적인 개념이다.

인내는 우리가 서로의 짐, 연약함, 부족, 장애 그리고 죄를 서로 져야만 한다는 기독교의 신념이다. 그것은 하나님을 올바로 이해하는 성경적인 이해 즉 심판이라는 무거운 단어와는 한참 거리가 먼 사랑, 자비, 연민의 하나님, 세상을 사랑하고 세상의 부족을 감당하시는 사랑의 하나님, 그래서 이러한 모든 것을 화해시키려는 목표를 가지신 하나님에 근거를 두고 있다.

인내라는 기독교의 개념과 관용이라는 이방인들의 개념 사이에는 근본적인 차이가 있다. 인내하는 사람들은 우리와 다른 사람들과 함께 사는 법을 배우는 반면, 강한 헌신을 보이며 다른 사람들을 확신시키려 하는 사람들이다. 유대-그리스도인의 전통 안에서 이 단어는 우리의 마음, 뜻, 정성 그리고 다른 모든 것을 다해 하나님을 사랑하는 것으로 설명한다. 교회 내에서 이 단어는 예수 그리스도 안에서 하나님과 이웃을 향한 사랑이 육신을 입고 교회의 생활에서 계속되고 있다는 고백으로 설명되어져야 한다.

23. 협력하는 교회: 어리석은 자들의 배

1946년 미국의 작가 캐서린 애니 포터Katherine Anne Porter는 그녀의 대표 작 『어리석은 자들의 배』라는 책을 출판하였다. 그 책은 1931년 멕시코를 출발해서 독일로 가는 비운의 배에 타고 있던 수많은 승객들에 대한 이야 기이다. 그 배에는 온갖 종류의 삶을 살고 있는 약 1,000명의 사람들, 즉 애 인들, 과부들, 가족들, 집으로 돌아가는 독일 사람들, 스위스, 스페인, 스웨 덴, 쿠바, 멕시코 그리고 미국 사람들이 승선해 있었다. 이 책은 배에 타고 있던 그들의 비참한 관계들은 아주 세밀하게 묘사하고 있다. 그들은 모두 유럽에서 무엇이 그들을 기다리고 있는지 알지 못하는 '어리석은 사람들' 이었다. 포터는 16세기의 도덕적인 풍유작가 세바스챤 브란트Sabastian Brant 가 영원으로 여행하고 있는 이 세상을 배에 비유한 『Das Narrenschiff』라는 책에서 영감을 얻었다고 한다. 어떤 면에서 보면 우리는 모두 그 배를 타고 있는 승객들이다.

영원으로 향하는 항해란 짧은 인생의 본질을 잘 형상화한 아주 오래된 원형이다. 그것은 성경이 이야기하고 있는 모습이기도 하다. 그러나 성경 적인 의미의 항해란 무의미한 여행의 나락으로 빠지는 것이 아니다. 오히려 그것은 아주 커다란 비전 한가운데에서 이루어지는 것이다. 완전한 세상의 창조, 타락으로 인한 죽음과 어둠 그리고 마지막 단계의 구원과 부활. 성경 속의 여행객들은 어리석은 사람이 되는 모든 인간 기준들을 보여주고 있다. 사실 그들은 세계와 우주 역사의 참된 본질 속에서 신적인 계시를 소유하고 있다.

구약에서 이 배는 노아의 방주와 홍수라는 형태창6~8로 묘사되어 있다. 그것은 아마도 기원전 5세기경 유대 저자에 의해 쓰여진 인간의 기원을 설명하는 가운데 편집된 고대의 영웅 이야기로 생각된다. 그것은 세상을 어떻게 이해할 것인가에 대한 그들의 풍유적인 방법이었다. 신의 기원, 창조, 죄와 악의 기원, 인류의 생존 그리고 다른 모든 인종들 속에 위치한 유대인들의 기원과 운명, 하나님을 그리는 데 있어서 아주 인간화된 언어를 사용하면서 저자들은 신의 심판, 한편으로는 신적인 구원의 방법을 그려내기 위해 노아의 방주와 홍수를 묘사하고 있다. 아주 적은 수의 사람과 동물들만이 생존하게 되었다. 노아가 방주를 마른 땅 위에 건설하는 것은 이방인들의 기준에서 보면 어리석은 행동이었다. 마치 유대인들이 자신들이 주변의 문화들에게 어리석은 존재들로 보여지는 것처럼 노아와 그의 가정은 아마도 그들 주변의 어두운 세상의 웃음거리였다. [물론 때때로 '어리석은 사람들'과 '미친 사람들'의 차이를 구별한다는 것은 아주 어렵다. *Dust Ship Glory*「먼지 가득한 배의 영광」이라는 책에서, 메노나이트 소설가 안드레아 슈뢰더Andreas Schroeder는 1930년대 사스카추완 평원에 아주 커다란 배를 만들고 있던 한 미친 사람에 대한 진짜 이야기를 소개하기도 했다.]

그러나 이 유대 방주 이야기는 단지 보다 커다란 비전, 즉 우주에 무슨 커다란 일이 일어날 것이라는 요동치 않는 확신이라는 흐름 속에서만 의미가 있는 것이다. 비록 창세기 1~11장의 기록이 유대 저자들에 의해 정리되었음에도, 그것은 완전함에서 타락하여 사악함과 폭력으로 계속 빠져드는 그다지 의롭지 못한 개인들의 구원에 대한 인류의 역사이기도 하다. 아주 특별한 의미가 부여되기 시작한 유대인에 대한 이 이야기는 창세기 12장에서부터 이전의 우주적인 이야기와는 따로 분리되어 시작된다. 히브리인들이 애굽에서 극적으로 탈출하는 모습과 모세오경이 주어지고, 사사들과 왕들, 선지자들 그리고 메시아에 의해 이루어질 최종적인 구원을 기다리는 유대인의 희망에 관련된 모든 이야기를 이곳에서 다시 기록할 생각은 없다. 그러나 분명한 것은 메시아 시대에는 그들이 잃어버렸던 원래의 영광이 완전히 회복될 것이다. 양과 사자가 함께 놀고 평화와 정의로운 통치가 이루어지며 모든 우주가 원래의 모습을 회복할 것이다.

이 엄청난 이야기는 나사렛 예수가 하나님께서 시작하신 메시아적 구원의 핵심이라고 믿은 초기 그리스도인들의 전제조건이 되기도 하였다.

신약에 나타나는 배에 대한 이야기는 사도행전의 마지막 두 장에서 바울이 로마로 한 여행이다. 로버트 탄네힐Robert C. Tannehill은 『누가복음과 사도행전 이야기의 통일성: 문학적 해석』Narrative Unity of Luke-Acts: A Literary Interpretation이라는 그의 책에서 배와 바울의 여행은 로마 제국 내에 있는 초대 교회를 위한 이야기라고 제안하고 있다. 그것은 정말로 주목할 만한 이야기이다.

일반적으로 같은 저자에 의해 기록되었다고 여겨지는 누가복음과 사도행전의 공통된 주제는 '우주적인 구원'이다. 누가복음 3장 5~6절은 "*모든 골짜기가 메워지고 모든 산과 작은 산이 낮아지고 굽은 것이 곧아지고 험한 길이 평탄하여질 것이요 모든 육체가 하나님의 구원하심을 보리라*"이텔릭체는 저자가 표기한 것임고 기록하고 있다. 사도행전은 처음부터 끝까지 유대인과 이방인들을 모두 포함한 우주적인 구원의 메시지들이 박진감 넘치게 연결되어 있다. 이것이 바울의 선교여행과 유대인과 로마 정부를 상대로 한 그의 유명한 설교들 그리고 로마로 향한 마지막 여행의 중요한 목적이었다.

이러한 주제에 대한 아주 흥미로운 탐험기사는 사도행전 27장 1~28장 16절에 실려 있다. 화자는 폭풍이 이는 바다 한 가운데를 뚫고 지나가는 한 배에 얽힌 여정을 세상과 관련되어 있는 기독교 교회를 위한 은유로 이야기하고 있다. 하나님은 바울을 통해서 배에 승선해 있는 모든 사람들이 생존하게 될 것이라는 약속을 하고 계신다. 그 이야기 속의 주인공들은 백부장 율리우스Julius와 그의 병사들, 선원들 그리고 바울이다. 승무원 각자는 그들의 사활을 위해서 최선을 다하고 있지만 특별히 바울은 아주 중요한 때에 율리우스를 돕는 중재의 역할을 감당하고 있다. 신자였던 바울과 불신자였던 율리우스의 관계가 처음부터 우정의 관계로 발전되며 대부분 이방신들을 섬기는 배에 승선해 있던 모든 사람들을 구원하게 되는 신뢰의 관계로 그려져 있다. 사도행전의 저자는 신의 은혜의 도구로 이방인들의 제국이었던 로마를 언급하는데 매우 조심스러웠던 것 같다.

모든 사람이 함께 먹어야 했던 배 안의 음식은 성찬을 나눈다는 함축적인 의미를 갖고 있다. 바울이 이야기하기를 "권하노니 음식을 먹으라. 이것이 너희 구원을 위하는 것이요 너희 중 머리 터럭 하나라도 잃을 자가 없느니라."하고 계속해서, "떡을 가져다가 모든 사람 앞에서 하나님께 축사하고 떼어 먹기를 시작하였다"행27:34~35라고 기록하고 있다. 이 이야기는 비록 그 배가 파선하는 것으로 끝나지만 죄수들을 포함한 배에 있던 276명 모두가 말타Malta라는 섬에 안전하게 도착하는 것으로 끝이 난다.

이 이야기에서 가장 주목할 만한 것은 우선 제도적 교회를 위해 사용된 상징인 그 배 자체는 살아남지 못했지만 사람들이 살아남았다는 것이다. 두 번째, 바울이 이 사람들의 구원의 선결조건으로써 예수 안에 있는 믿음에 대한 어떠한 말도 하지 않았다는 것이다. 그리고 세 번째로 이방인이었던 백부장과 선원들이 인류를 상징하는 승객들을 구원하기 위한 하나님의 계획을 위해 없어서는 안 될 중요한 역할을 하고 있다는 것이다. 바울이 승객들에게 그리고 말타Malta섬의 사람들에게 예수에 대한 설교를 했다는 암시는 전혀 없다. 이 경우에 있어서 사람들이 메시지를 받고 거절하고 하는 문제에 의해 하나님의 구원 사역이 이루어지는 것 같지는 않다. 모든 사람들이 믿든 믿지 않든 구원을 받게 될 것이라는 '우주적 구원'의 경우가 이 이야기를 통해 추론할 수는 없지만, 일종의 보편성이 암시되어 있는 것 같다. 참된 인간의 행위는 목표를 이루는데 아주 결정적이다. 그러나 그 행위는 인간 스스로 행할 수 있는 것이 아니라 하나님의 신적 행위에서 비롯되는 것이다.

종교적 미신을 갖고 있던 '미개한' 말타 섬 주민들까지도 바울이 뱀에 물렸어도 아무런 해를 입지 않자 그들은 바울을 신으로 생각했다. 바울과 함께 했던 사람들에게까지 따뜻한 환대를 보여주었다. 로버트 탄네힐Robert Tannehill은 "이 이야기가 일반적으로 세상을 적대적으로 그리고 악의 세력으로 간주하고 있는 그리스도인들의 어떤 성향을 근본적으로 약화시키고 있다"고 지적하고 있다.

바울은 그 섬에 약 세 달간 머물렀으며 예수처럼 많은 치유의 기적을 보여주었다. 그러나 그가 말타 섬 사람들에게 설교를 했는지는 우리가 알 수 없다. 이방 세계와 그리스도인들 사이에 서로 협력하고 있는 모습이 다시금 자세히 그려지는 가운데, 말타 섬 사람들은 여전히 이방인들로 남아 있도록 허락되었다.

이러한 이방인들과 이교도들에 대해 긍정적으로 설명했음에도, 바울은 죄수로 남겨졌고, 그의 로마에 있는 유대 공동체를 목표로 했던 성공하지 못한 선교의 모습이 해결되지 않은 긴장과 함께 누가복음–사도행전의 기사가 끝난다. 누가복음 3장 6절에서 약속된 "모든 육체가 하나님의 구원하심을 보리라"는 약속이 어디에서 성취되었는지 증거도 없다. 예수처럼, 바울의 선교는 그의 사람들에 의해 고통스러운 거절로 끝이 난다. 사도행전은 비극적이고도 반어적인 말투로 끝을 맺고 있는데 이방인들은 들을 준비가 되어 있지만 유대인들은 귀머거리였다는 메시지를 담고 있다. 바울이 로마 황제 앞에 서게 되었는지에 대한 내용은 언급이 없으므로 알지 못한다. 그의 순교에 대한 기록도 없다. 유대인들이 메시아에 대한 희망을 받아들였는지 거절했는지에 대한 질문도 여전히 해결되지 않은 채 남겨져 있다.

다른 성경 본문들에는 구원에 대한 책임이 강조되어 있다. 그러나 이곳 사도행전에는 개인적인 역할이 2차적인 것으로 기록되어 있다. 거기에는 보다 더 큰 무언가가 존재하고 있으며 선장이나 바울과 같은 중요한 인물들도 신의 계획의 도구로서 기록되어 있다. 메노나이트로서 우리는 개인적인 결정과 책임이 얼마나 중요한지 늘 강조해왔다. 우리가 믿고 있는 바, 교회는 신자들로 이루어진 공동체를 위해 자신들을 자발적으로 헌신하는 사람들로 구성되어야 하며, 이러한 결정의 증거로써 개인적으로 믿음을 고백한 세례교인으로 구성되어야 한다. 그러나 교회가 단순히 이러한 부분의 총합이 아니라는 것을 기억하자. 교회는 이러한 것보다 엄청나게 큰 어떤 것이다: 하나님께서 이미 이루신 일과 세상에서 이미 하고 계시는 일, 즉 세상을 구원하는 일을 증거하는 것은 일시적인 일이다. 각각의 회중은 이러한 증거에 대한 아주 작고, 불완전한 부분에 불과한 것이다.

알리스타이어 맥레오드Alistair MacLeod의 훌륭한 소설, 『해악 금지No Great Mischief, 2001』는 18세기 스코트랜드에서 캐나다 노바스코시아 주의 케이프 브레톤Cape Breton으로 이주한 맥도날드MacDonald 가족에 대한 이야기이다. 어떤 면에서 그의 가족은 아주 믿을 수 없을 만큼 친밀한 가족이었다. 그러나 어떤 면에 있어서 이들은 감정적으로나 물리적으로 와해된 가족이었다. 그들이 함께 붙들고 있던 것은 개인적 선택이 아니라, 그들이 함께 하고 있던 뿌리와 운명이었다. 소설 속의 사람들이 그들의 보트에 깔 미끄럼판을 만들기 위해 목재를 구하러 숲속으로 가는 부분이 묘사되어 있다. 전나무 숲 한가운데서 이들은 매우 크고 반듯하게 자란 완벽한 나무 하나를 발견하였다. 그들은 나무에 금을 긋고 틀톱으로 나무를 잘랐다. 그런데 그들이 나무를 잘랐지만 이상하게도 아무런 일이 생기지 않았다. 그 나무의 꼭대기 부분의 나뭇가지들이 다른 나뭇가지들과 서로 얽혀 나무가 넘어지지 않고 서있었던 것이다. 그 작은 숲 전체를 벌채하지 않고서 그 나무를 쓰러뜨릴 수 있는 방법은 없었다. 이것이 오늘날까지 그 숲이 존재하는 방식이다. 숲 중간에 있는 홀로 서 있는 나무를 보고 그 나무가 밑동이 잘려있을 것이라고 보는 사람은 아무도 없을 것이다.

맥레오드MacLeod는 작고하신 부모들의 사진 앨범에서 뽑아든 전체 가족 구성원들이 들어있는 한 장의 사진에 대하여 이야기하였다. 그들에겐 확대된 친족들과 같이 찍은 것 외에는 부모들의 사진이 없었다. 그래서 그들은 사진관에 전체 친족들 가운데서 자기들의 부모만을 오려내어 사진을 확대해 줄 것을 부탁하였다. 그러나 그 사진에서 부모의 얼굴은 확대되었지만 전체의 모습은 흐릿해졌고 뿌연 사진이 되어버렸다. 사진 속에 친족들과 섞여있던 부모를 오려내어 그들만을 크게 볼 수 있게 되었지만 실상은 그들의 모습을 잃어버리게 되었다. 결국 그들은 다시 부모들을 전체 친족의 부분으로 남겨놓기로 결정하였다.

이 두 개의 이야기는 내게 교회의 본질에 대한 심오한 면을 일러주었다. 실제로 그것은 메노나이트가 어떻게 교회를 생각하고 있는지를 반영시켜주고 있다. 우리는 종종 "만약 우리가 개인적으로 보다 교회에 더 헌신하기만 하면, 보다 더 역동적인 공동체를 이룰 수 있을 것"이라고 말을 한다. 즉 동의하지 않거나, 고집이 세거나, 믿음이 없는 형제, 자매들은 활기에 찬 공동체에서 열심을 내거나 떠나거나 할 것이라고 말한다. 그러나 그것이 그럴까? 교회는 그리스도의 통합된 몸이며, 하나님께서 우주에서 하고 계시는 일이 무엇인지 함께 고백해야 하는 고백의 공동체이다. 그것은 목사들과 의혹이 있는 사람들, 예언자들과 의심하는 사람, 죄수들과 병사들, 명석한 사람들과 바보들을 함께 붙들고 있는 곳이다.

우리가 사용하는 '공동체'라는 말은 이러한 신적인 대리인이며 은혜를 드러내는 목적 있는 우주적인 실재로서 정당성을 부여해주지 않는다. 이러한 목적 있는 교회의 특성을 강조하기 위하여, 사람들은 올바로 믿고 올바로 살기 어려운 사람들을 대표하고, 개인적으로 불완전한 멤버들을 대표하여 교회가 함께 믿어야 한다고 말한다. 교회는 세상을 위해 대속하는 존재여야 한다. 나는 여러분과 내가 개인적으로 좋은 신앙을 갖는 것은 거의 의미가 없는 것이라고 말하고 싶다. 그렇다고 각자가 갖고 있는 하나님 앞의 개인적인 책임과 독특한 가치에 대한 진리를 축소시키려는 것이 아니다. 오히려 이렇게 말함으로써 예수 그리스도의 몸이라는 통합된 본질을 더욱 강조하기 위함이다. 궁극적인 나의 관심은 개인적 믿음과 신념이 아니라 하나님께서 세상을 위해 일하시는 모습을 한 목소리로 함께 증거하는 것이다.

24. 전투병이냐 순교자냐?
다른 사람을 위해 목숨을 내어 놓음

1998년 영화 중, 여덟 명의 군인의 목숨을 걸고서라도 라이언Ryan이라는 한 명의 병사를 찾으라는 상부의 결정을 소재로 한 「라이언 일병 구하기 Saving Private Ryan」라는 영화가 있었다. 그것은 2차 대전 중 프랑스 지역의 전쟁에 참여한 네 명의 형제 중 모두 다 죽고 남은 라이언이라는 일병을 구해내는 영화이다. 그 어떠한 상황 속에서도 사명을 수행해내고자 하는 병사들의 모습을 그린 감동적인 영화였다. 그 명령의 목표는 마지막 남은 이 한 명의 아들만이라도 그의 어머니 곁으로 안전히 돌아오도록 하는 것이었다. 영화 마지막 부분에 이를 때, 지휘관을 포함한 상부의 명령을 수행하던 여덟 명의 병사들 대부분은 죽지만 라이언은 끝까지 살아남게 된다.

이 영화 속에서 우리는 전쟁이 얼마나 잔인한지 볼 수 있다. 이 영화 속의 지휘관은 각 병사는 그의 지휘 아래 살고 죽으며, 최소한 열 명의 사람들을 구하고 죽어야 한다는 확신을 갖고 있었고 가치가 있는 일이라 그의 병사들은 다른 사람들을 위해 자신들의 생명을 내놓을 수 있을 것이라는 신념을 갖고 있었다. 비록 퇴폐적이고 자기도취적인 우리 서구 사회 속에서라 할지라도, 전쟁은 개인이 어떻게 공동의 선과 대의를 위해서 싸울 수 있으며 자기이익을 초월할 수 있는지 분명하게 보여주는 예인 것 같다. 그러나 그들이 추구하는 것이 정말 공동의 선일까? 사람들이 더 높은 대의라고 여기는 것들이 정말로 가치 있는 것일까?

11월 11일 1차 세계대전의 종식을 알리는 영령기념일Remembrance Day이 되면 메노나이트들은 항상 혼동을 겪는다. 우리가 기념에 참여해야만 하는가? 10대 후반 혹은 20대 초반의 젊음을 우리를 위해 기꺼이 바친 용감한 젊은이들을 기억하는 붉은 양귀비꽃을 가슴에 달아야 하는가? 과연 보다 더 지고한 선을 이루기 위한 방법으로 모든 전쟁을 거부할 수는 없는 걸까? 이 영령기념일이 되면 나는 이 질문에 "예스"라고 대답을 하는 표시로 붉은 꽃과 메노나이트 중앙위원회Mennonite Central Committee의 평화를 상징하는 핀을 함께 단다. 이날은 우리가 지난 과거동안, 그들이 옳다고 믿었던 그 무엇을 얻기 위해 군인으로 혹은 일반인으로서 고통을 받았던 모든 사람들을 기억하는 시간이다. 어디에서 혹은 어떻게 그것이 발생하였든 고통은 실재였다. 그리고 그 고통 중에 하나님께서 계셨다 할지라도 고통은 고통이었다. 나에게 있어서 이 양귀비꽃은 사랑하는 사람을 잃고 '슬퍼하는 사람들과 함께 우는' 표현이고, 평화를 상징하는 핀은 그러한 고통의 원인이 되었던 죽이는 기계전쟁에 참여하지 않겠다는 표현이다. 따라서 이것은 전쟁에 대해 "아니"라고 말하는 나의 또 다른 표현 방식이다. 나는 타협하지 않을 것이다. 나는 그것이 얼마나 값진 모습으로 나타나더라도 폭력의 순환에 절대 참여하지 않을 것이다. 나는 내가 예수의 제자이기 때문에 그리고 예수께서 오른뺨을 치거든 왼편도 돌려대며, 오리를 가게 하거든 그 사람과 십리를 동행하며, 피를 흘리지 말며, 원수를 사랑하라고 가르치셨기 때문에 그렇게 행동한다.

교회는 이 부분에 있어서 매우 어두운 기록들을 갖고 있다. 처음부터, 그리스도인들은 정의를 이루기 위한 방법으로 강제정치, 폭력 그리고 전쟁과 관련된 성경을 어떻게 해석할 것인가에 대하여 일치를 보이지 못했다. 그것은 쉽게 답할 수 없는 아주 복잡한 문제이다.

1. 구약의 많은 성경구절들과 신약의 몇몇 성경 구절들은 하나님이 전쟁을 사용하시고, 때로는 거룩한 이유로 전쟁을 명령하시는 거룩한 전사로 하나님을 표현해 놓고 있다. 구약의 출애굽 이야기와 가나안 땅 정복 이야기 그리고 신약의 요한계시록은 이러한 하나님을 보여주는 예들이다. 그러나 같은 본문을 가지고 교회의 역사에 나타난 거룩한 전쟁과 십자군 전쟁을 반대해온 사람들도 있다. 중세 시대의 무슬림들을 상대로 한 기독교의 십자군, 종교개혁 당시에 혁명적인 전쟁들, 몇몇 아나뱁티스트 그룹들까지도 그리고 금세기의 "해방 전쟁들"이 그 예들이다.

2. 성경에는 특정한 규칙들과 상황 하에서 어떻게 전쟁이 일어나고 발생하는지 알 수 있는 여러 본문들이 있다. 신명기 20장은 언제 이스라엘 백성들이 전쟁을 해야하며, 무엇을 위해서 전쟁을 해야 하고 또 전쟁 중이라 할지라도 무엇을 해서는 안 되는지에 대한 규칙들을 제

시하고 있다. 로마서 13장 1-7절은 선을 보호하기 위해서 그리고 악을 징계하거나 물리치기 위해 검을 지녀도 된다는 하나님에 의해 정해진 규칙들을 보여주고 있다. 그리스도인들은 이러한 말씀들을 따라야 한다.

4세기, 로마 황제가 그리스도인이 된 이후에 성 어거스틴St. Augustine은 소위 의로운 전쟁 이론Just War Theory-정당한 전쟁 혹은 정당전쟁으로도 번역함을 발전시켰다. 그 이후 기독교 교회 내에 어떤 특정한 조건 하에서 전쟁은 필요악으로써 정당화 되었다. 어거스틴은 모든 살인은 예수의 가르침을 거스르는 것으로써 전적으로 잘못된 것이며 명백한 죄라고 확신하였다. 그러나 그의 이론은 다음과 같이 발전되었다. 우리는 타락한, 불완전하고, 죄악된 세상에서 살고 있다. 이 세상의 법과 질서를 지키기 위해서 그리고 세상이 더 악화되지 않도록 하기 위해서라도 강제와 폭력이 필요하다. 오직 영원한 하나님 나라에서만 완전한 평화가 있다. 한편 우리는 결코 어떤 개인적인 폭력에 참여해서는 안 되지만 법의 권한롬13 하에서는 필요하다면 가능하다. 우리가 싸울 때, 산상수훈이 가르치는 바대로 우리는 결코 보복을 위해 다른 사람들을 살해해서는 안 되며, 용서를 구하고 정의를 회복하기 위한 방법으로 항상 사랑의 태도를 가져야만 한다. 무죄한 시민들비전투원들은 결코 죽여서는 안 된다.

그러나 이러한 이론이 갖는 문제점은 그것이 사실상 20세기의 1차, 2차 세계대전, 한국전쟁, 베트남 전쟁, 걸프전, 아프카니스탄 전쟁 그리고 현재에 진행되는 이라크 전쟁을 비롯한 서구의 모든 전쟁을 정당화하는데 사용되었다는 것이다.

이러한 이유 때문에, 모든 시대에 걸쳐 많은 기독교인들이 의로운 전쟁은 없다고 이야기 하는 것이다. 실제로 의로운 전쟁이란 없다. 그것이 군인들에 의한 것이든 개인들에 의한 것이든 예수의 가르침을 근거로 정당화할 수 있는 그런 살인은 있을 수 없다. 이미 구약에서도 메시아는 싸우지 않고 다른 사람들을 위해 죽임 당하는 고통 받는 종의 모습으로서 이해되고 있다. 전쟁을 반대하는 그리스도인들은 종종 '평화주의자들'이라고 잘못 불리고 있다. 그들은 어떤 '소극'적인 의미의 평화주의자가 아니라, 그리스도의 사역, 가르침 그리고 삶을 포함한 성경 최우선의 메시지로써 다른 사람들을 위해 자신을 포기하고, 고통 받음을 통해 평화와 화해의 복음을 전하는 사람들이다. 비록 일치를 보이고 있지는 않지만 일반적인 학자들의 신념은 2세기 말의 그리스도인들까지는 피를 흘리는 그 어떤 모습에 대해 대부분 반대했었다. 콘스탄틴 황제의 개종과 함께, 그리스도인들이 통치자가 되어 세상을 움직이는 책임을 지게 되면서 이러한 것은 변하게 되었다. 그럼에도 역사에 걸쳐서 이러한 초기 형태인 급진적인 기독교 비폭력을 지속시켜온 소수의 기독교인들이 있었다: 중세시대의 몇몇 수도원 운동이 그랬고, 13세기의 왈덴시안들Waldensians, 왈도파, 종교개혁 당시의 아나뱁티스트들과 메노나이트들, 17세기의 퀘이커 그리고 20세기의 많은 가톨릭과 개신교도들이다. 이들은 자신들만이 그리스도인이라고 주장하지는 않았지만, 그리스도인들이 전쟁에 "참여하지 않아야 한다고" 주장하였다. 본회퍼가 이야기한대로 그 원인이 아무리 가치 있게 보인다 할지라도 "폭력의 순환의 바퀴에 살을 더해"줄 수는 없는 것이다. 어떤 의미에서 그들은 다른 사람들을 위한 평화주의자들이었다.

예수를 따르는 사람으로서 우리들 또한 그가 행한 바대로 "다른 사람들을 위해 우리의 목숨을 내어 놓도록" 부름을 받았다. 2002년 10월 나는 이란 출신의 무슬림 성직자들 및 학자들을 접대한 적이 있었다. 그들은 변화하는 현대 사회의 종교 공동체들 간의 토론, 즉 시이티Shi'ite-시아 무스림와 메노나이트들 사이에 있었던 대화에 참석하기 위해 토론토에 왔었다. 토요일 밤 우리는 토론토에 있는 무슬림 사원을 방문했고, 일요일 아침 우리는 타비스톡Tavistock 메노나이트 교회에서 예배를 드렸다. 오후에 우리는 올드 오더 메노나이트Old Order Mennonite 농장과 학교를 방문하였다. 무슬림 중 한 사람이 올드 오더 메노나이트들의 단순한 생활상에 감명을 받고 "이 사람들은 죽으면 곧바로 낙원에 갈 것입니다"라고 소리쳤다.

무슬림 사원을 방문하는 동안, 나는 그리스도인들이 예수에 대하여 믿는 바가 무엇인지 간단하게 몇 마디로 표현해 달라는 부탁을 받았다. 무슬림들은 그들의 열두 번째 이맘Imam,지도자이 죽지 않고 완벽한 평화와 정의의 왕국을 만들기 위해서 예수와 함께 돌아올 것이라고 믿고 있었다. 그들은 예수가 위대한 선지자였다고 믿지만 그가 하나님이었다는 사실과 십자가에 못 박힌 사실을 믿지 않았다. 사실 무슬림들에겐 '대속의 이론' 즉 예수와 같은 어떤 사람이 사람들의 죄를 사해주기 위해 희생되었다는 교리가 없다고 그들은 내게 말해 주었다. 무슬림들은 그들 자신의 죄에 대하여 아주 강한 의식을 갖고 있다. 그러나 자비하시고 긍휼의 존재이신 하나님께서 그들을 곧 용서해 주실 거라고 믿고 있다. 대신 그의 사랑과 은혜는 어느 누구를 통해 중재되는 것은 아니다. 이러한 것이 이슬람과 기독교 사이의 근본적인 차이이다. 기독교 신앙의 한가운데에는 대속이 위치해 있고 하나님께서 십자가 위의 고통 받는 예수 그리스도를 통해 세상과 화해하신다는 믿음이 자리하고 있다. 그리스도인으로서 우리는 이러한 화해의 일을 자기희생적인 사랑을 통해 계속 실행해 나가야 한다. 우리는 이 풍성한 생명 안에서 오는 복음의 핵심을 잊는 경향이 있다. 우리가 전쟁 기간 동안 군인으로써 우리의 생명을 싸우는데 두든 아니면 다른 방식을 찾든 의사 결정을 하기 위해 이러한 가르침을 기억해야 한다. 만약 이 "다른 방식"이 군인들이 하는 것보다 쉬운 방법이라면 그때 그것은 예수가 원하는 길은 아니다.

9월 11일 세계 무역센터를 공격한 무슬림 테러리스트들은 그들이 자신들의 신앙을 위해 대신 순교한 사람들이라고 믿고 있다. 정신수련을 담당하는 모하메드 아타Mohammed Atta는 아마도 그들의 배후에서 편지를 통해 그들의 행동에 동기를 부여해주는 위대한 지도자로 알려져 있다. 그들에게 이 테러행위는 알라의 뜻에 순종하는 것으로써 보다 숭고하게 여겨지는 순교적 행위이다. "알라 외에는 다른 신은 없다. 그리고 무하마드는 알라의 사자이다." 이러한 행동은 그들의 삶을 낙원에 이르도록 보장되어 있다. 많은 무슬림들은 코란Qur'an에 적혀 있듯이 "만약 당신이 한 생명을 구원한다면, 당신은 온 세상을 구원하는 것입니다. 만약 당신이 한 생명을 취하게 된다면, 당신은 모든 생명을 취하게 되는 것입니다"라는 것을 우리에게 상기시키면서 코란의 진정한 가르침을 거스르는 이러한 행동을 비난한다. 이것은 기독교의 대속의 개념에 아주 가까운 가르침이다. 비록 무슬림 친구들이 이슬람 안에 우리가 부르는 평화주의와 비슷한 것이 없다고 말을 하지만, 코란에는 평화와 정의를 아주 강하게 강조하는 부분이 있다. 우리는 어쩌면 기독교가 하나님의 이름으로 이슬람보다도 더한 폭력과 테러를 끊임없이 일삼고 있을지 모른다는 사실을 기억해야만 한다. 테러리스트들의 순교나 비폭력 순교나 모두 다른 사람들을 위해 자신의 목숨을 내어 놓는 것이다. 그러나 한 쪽은 다른 사람들의 목숨을 빼앗으면서 순교하고, 다른 한쪽은 그렇게 하는 것을 거절하면서 순교하는 것이다.

나는 벤자민 브리튼Benjamin Britten이 쓴 「전쟁 진혼곡War Requiem」의 가사를 인용함으로 이 책을 끝내고자 한다. 브리튼은 20세기 작곡가요 평화주의자로 2차 세계대전에서 죽은 사람들의 넋을 위로하려고 뿐 아니라 모든 전쟁을 반대하려는 목적으로 전쟁 진혼곡을 썼다. 그는 1차 세계대전이 끝나기 바로 직전에 참호에서 죽었던 젊은 영국 시인 윌프레드 오웬Wilfred Owen의 죽은 사람들을 위한 가톨릭 미사의 부분을 사용하여 진혼곡을 썼다. 이 진혼곡에서 가장 극적인 순간은 아브라함이 이삭을 희생제물로 바치는 것을 오웬이 다시 이야기 하는 대목이다:

아브람이 일어나 번제 나무를 취하였네
불과 칼을 자기의 손에 들고

아들과 함께 동행을 하였네

이삭, 그의 첫 아들이 말하길, 아버지

불과 칼은 준비 되었는데

번제할 어린 양은 어디 있습니까?

그때 아브람이 그 어린 것을 허리띠와 가죽 끈으로 묶었네

그리고 난간을 세우고 도랑을 팠네

그리고 팔을 뻗어 칼을 집어 그 아들을 잡으려 할 때,

그 아들을 잡으려 할 때! 멈추어라! 천사가 하늘로부터 그를 불렀네.

말하길, 그 아이에게 네 손을 대지 말라

그 아이에게 아무런 일도 하지 말라

수양, 뿔이 수풀에 걸린

아들을 대신할 교만한 수양을 드려라

그러나 그 노인은 그렇게 하지 않았네

그의 아들을 죽였네

유럽의 인종의 절반을, 하나씩 하나씩.

그의 아들 이삭을 거의 희생 제물로 바치는 아브람의 이야기에서 우리는 신적 의지의 궁극적 계시를 보았다. 아브람은 선택의 기로에 서 있었다: 죽이느냐 죽이지 않느냐. 그는 죽이지 않기로 결정을 하였다. 수풀에 걸린 수 양이 사람들의 폭력과 죄들을 위한 속제양이 되었다. 그 수양은 아브람의 자손들을 위해 목숨을 내어 놓았다. 그 속제양은 유대인들을 위한 대속

의 상징이 되었고, 그리스도는 그리스도인들을 위한 대속의 상징이 되었다. 불행히도 그리스도인들을 포함한 인간들은 하나님께서 아브라함에게 다른 사람을 죽이지 말라고 준 명령에 주의를 기울이지 않았다.

영령기념일에 평화주의자들인 우리 메노나이트들은 슬퍼하는 사람들과 함께 슬퍼하도록 부름을 받았고 우리가 동의할 수는 없지만 고통 받고 죽음 당한 사람들을 애도하며 이들을 기억하도록 부름을 받았다. 우리는 우리 자신의 의를 위해서가 아니라 그리스도의 몸으로써 우리 자신들을 잡으려는 세상의 죄와 잘못에 대한 큰 슬픔 안에서 그렇게 해야 한다. 이렇게 하는 것이 고통 받는 세상을 위해 우리가 신적 구속 사역에 동참하는 길이다.

저자에 대하여

제임스 라이머 James Reimer, 1942~2010는 온타리오에 있는 워털루 대학교의 콘라드 그레벨 대학에서 종교학과 신학을 가르쳤다. 그는 토론토 메노나이트 신학 연구소장으로 그리고 토론토 대학 신학과의 교수진으로 활동하였다. 라이머는 수많은 논문들과 책을 저술하였으며, 메노나이트와 전통적 신학: 기독교 윤리의 교리적 기초들이 가장 최근에 저술된 책이다. 그는 북미와 유고슬라비아를 포함한 유럽 여러 나라에서 나치 시기의 신학, 메노나이트 신학 및 평화 신학에 대한 내용으로 강의를 하였다. 최근 그는 신학, 법률 그리고 사회 제도에 대한 연구를 수행하였다.

라이머는 온타리오주 키치너에 있는 락웨이 메노나이트Rockway Mennonite 교회의 회원이며, 메노나이트들을 위해 훌륭한 강의 및 설교를 하였다. 마가렛 로우웬 라이머와 결혼하여 3남매크리스티나, 토마스 그리고 마이카의 자녀를 두었다.